U0144486

素雲樓圖文集

王鳳池著

文史哲出版社印行

國家圖書館出版品預行編目資料

素雲樓圖文集 / 王鳳池著. -- 初版. -- 臺北市 : 文史哲, 民 86 面 : 公分. ISBN 957-549-113-0(平裝) 848.6 86016035

素雲樓圖文集

編著者：王鳳池
臺北縣中和市華福街八四巷五之二號
郵政劃撥 12312154 號 電話 886-2-2958-9639
出版者：文史哲出版社
登記證字號：行政院新聞局版臺業字五三三七號
發行人：彭正雄
發行所：文史哲出版社
印刷者：文史哲出版社
臺北市羅斯福路一段七十二巷四號
郵政劃撥帳號：一六一八〇一七五
電話 886-2-23511028 · 傳眞 886-2-23965656

實價新臺幣四二〇元

中華民國八十七年一月初版

版權所有 · 翻印必究

ISBN 957-549-113-0

自序

爲甚麼要出這本書，目的何在？答案很簡單，祇有八個字：消愁解悶，自娛娛人。

爰簡介本書內容於后：

第一輯　影像傳真

要瞭解作者的創作，必先瞭解作者的生活，透過照片的審視，應屬認識作者的最佳途徑了。

本輯共選照片四十六幀，除少數幾幀作特殊卡位外，其餘均係依照年次順序編排，以便讀者獲得系統的印象。

第二輯　抒情詩選

此輯分兩部份，前者爲現代詩，後者爲近體詩，各選錄三十三首，皆屬純抒情的作品，冀望能滋潤您的心靈。

第三輯　生活趣話

「不談政治，不談宗教，不誨淫也不誨盜，專揀那生活中的有趣話兒聊。」讀者看完這段順口溜，想必瞭然於本書主體內容的旨趣所在了。

第四輯　十二生肖

國粹十二生肖，依次是鼠、牛、虎、兔、龍、蛇、馬、羊、猴、雞、狗、豬。爲了方便讀者檢閱，本輯內容，亦按此次序排列。

第五輯　休閒小品

各篇咸以輕鬆的筆觸出之，您看了想必有一番領會。

探親、旅遊各寫了兩篇，前者寫赴大陸探視家人的情況，後者寫旅遊北京及歐洲八國的見聞，其他各篇亦多屬生活的實錄。

第六輯　電視觀感

此輯爲一九九三年十月下旬至一九九五年十一月中旬，兩年間收看電視的感想和建言，其中除作者所寫廿九則外，另有內子撰稿五則，總計三十四則，提供有關單位及個人參考。

附　錄　作者年表

附錄年表與第一輯影像傳眞照應參閱，對於瞭解作者，可收輔佐之效。

另收錄在第五輯中，劉昭晴先生、林玉雪先生兩篇大作，都是文情並茂的佳構，爲本書增添許多光彩。又書中多數照片，爲內子碧英所攝，第三輯中《幽默選粹》一文，也是由她譯成國字的，與有功焉。由於文史哲出版社彭社長正雄伉儷，及女公子的協助，使本書得以出版，併此誌謝！

總之；這是一本老少咸宜，雅俗共賞的休閒書籍，希望您喜歡。

一九九七年十一月十九日王鳳池序於台灣省台北縣

素雲樓圖文集　目次

第三輯 生活趣話

第四輯　十二生肖……一三九

第一輯　影像傳真

本書作者一九六七年攝於台北市

左：作者一九四八年攝於武昌

下：一九四八年高中畢業攝於武昌，右上角爲陳幼生同學

上：作者的德文老師

下：一九五二年在鳳山陸軍官校二十四期接受綜合教育騎兵訓練

一九五二年一月在台中西屯陸軍裝甲兵學校接受綜合教育 M5A1 戰車駕駛及射擊訓練，前排左起第一人爲劉載福同學，第三排第一人爲作者。

上：一九五五年作者任第七軍幹訓班無線電報務士官隊第一區隊區隊長

左：一九六六年七月一日作者粉墨登場在「錦繡前程」中飾演大哥覃爍

上：一九六六年七月二日作者與生教新聞工作同仁合影，後排左起第二人爲主筆佘延苗教授（已故）

左：一九六八年作者初爲人師，左上角在週會上對全校學生講：「如何維護交通安全」

上：一九六九年作者夫婦在苗栗公證結婚

左：一九七〇年作者之妻攝於台中

上：一九七五年九月師大公訓系研五期同學合影
下：一九八二年三月瑞芳國中三年級實驗班導師合影

一九八三年六月學生劉淑美偕夫婿攜女兒遠自台中市來瑞芳看作者夫婦

左上角爲七〇年代作者書贈劉載福橫幅

一九八八年九月二十日作者夫婦第一次回大陸探親與家人合影

中央戴墨鏡者爲作者父親時年九十有三歲

上：作者偕兩姊攝於故鄉王家堰角
下：作者偕兩弟攝於斷垣殘壁的故居

上：一九八八年作者夫婦攝於北京

左：一九八八年十月廿一日作者夫婦登上萬里長城右上角爲志輝侄

右：作者在北京大學留影

左：一九八八年十一月六日二弟蒲生陪同作者參觀廣州華南植物園背景爲水杉

一九八八年十一月廿二日攝於自宅書房中堂爲
廣州畫院熊德琴畫師繪贈畫幅

上：一九八九年作者與國立第十二中學學長呂紹貴（中立者已故）楊承祖教授合影

左：一九八九年七月四日作者之妻攝於台北市新公園

上：一九九〇年四月第二次回大陸探親作者夫婦與二姐全家攝於黃州蘇軾塑像前

下：外姪孫女甜甜兒時攝於武昌黃鶴樓前

右：一九八二年三月廿一日作者夫婦
偕同事旅遊苗栗明德水庫留影
下：一九九〇年作者夫婦往重慶探視
堂弟康平（左起第一人已故）及
其家人

右：一九九一年二月廿四日在中華日報作者聯誼會上與寫趣譚的文友張天心（圖左）合影

下：一九九二年二月十八日在中央日報作者聯誼會上與作曲家李中和教授合影左上角爲李教授夫人

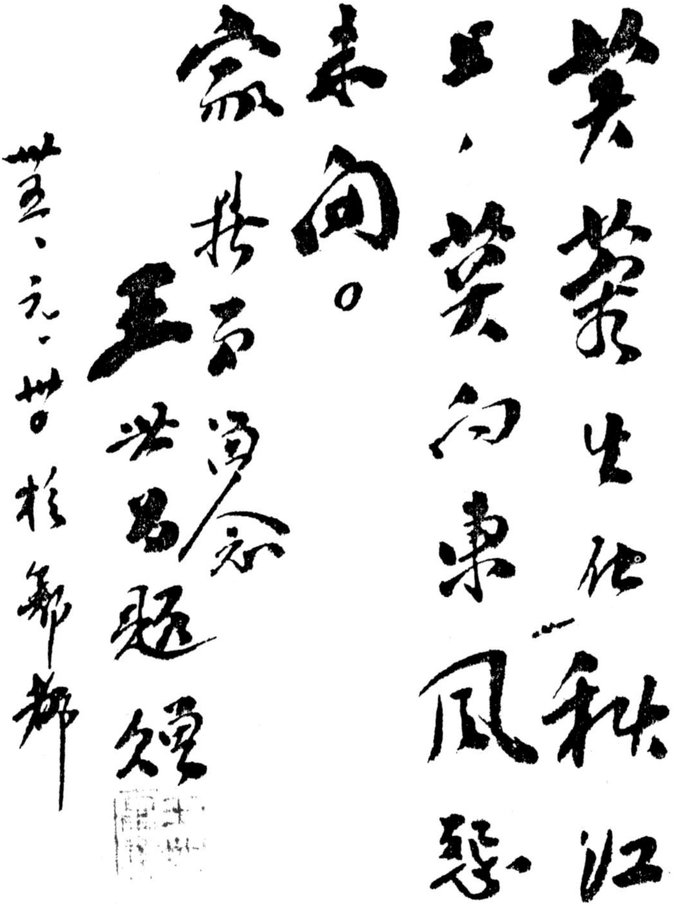

作者父親遺墨

作者母親遺像

作者父親遺像

父親詩聯

遺懷 三首

青年離去恨難平　不為求官只為貧
望斷南天為母愛　垂危猶自喚兒名

死者如煙生者殘　古今世事總難全
辛酸苦辣都嘗遍　父子相逢一見難

精神感召今始歸　白髮一團送碑回
報道長男親撰寫　夜台含淚手摸碑

自輓聯

虛行九秩　兼善與獨修　一無成就　今朝撒手空回　能毋愧怍
潦倒一生　仰親和俯幼　兩有貶詞　午夜捫心自問　怎可抬頭

一九九〇年四月十三日於長堰

母親遺言

你沒有保護自己的能力，最讓娘耽心，千萬記住：今後要好好照顧自己。

一九四八年十二月十日於長沙

上：一九九三年作者夫婦前往歐洲旅遊攝於英國倫敦

左：一九九三年六月三十日作者旅遊法國巴黎在羅浮宮留影

上：作者之妻在巴黎玻璃金字塔前留影
下：一九九三年作者在瑞士盧森湖畔留影

一九九三年七月八日作者之妻在比薩斜塔前留影

上：一九九四年九月二十日攝於自宅客廳

左：一九九三年七月九日作者夫婦旅遊羅馬時留影

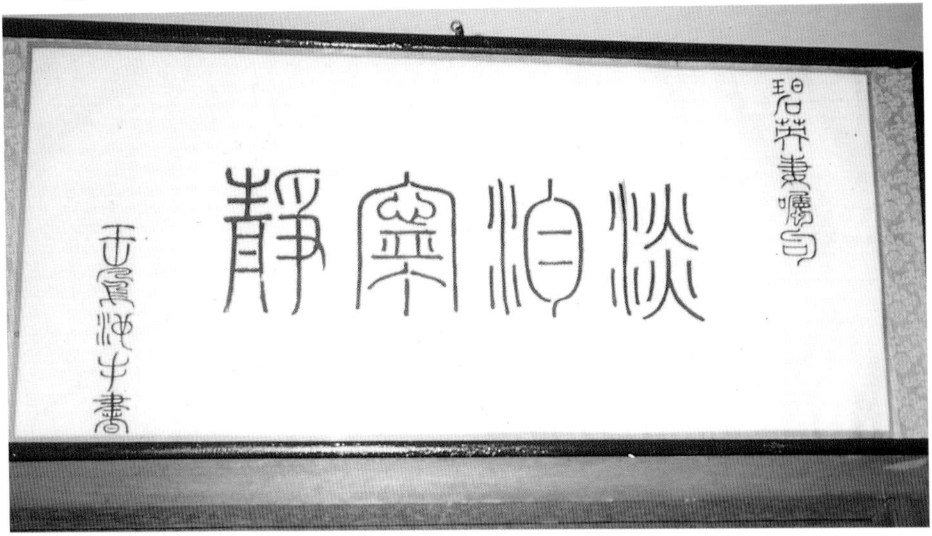

上：自六〇年代結褵以來作者之妻即以淡泊寧靜四字相囑九〇年代更書此橫幅懸掛客廳以示不忘

下：一九九七年七十歲生日攝於自宅書房

上：晨曦滿幽谷
一九八三年四月三日清晨
作者攝於台灣大禹嶺

左：放牛的女孩
一九九〇年五月五日
作者攝於華中農村村

夜遊塞納河
一九九三年六月廿八日夜十時
作者攝於法國巴黎

蒙娜麗莎的微笑
一九九三年六月卅日
作者攝於巴黎羅浮宮

第一輯　抒情詩選

現代詩 三十三首

維納斯之誕生

——題法國亞歷山大·加巴諾爾畫作

妳全裸的體膚是白皙而豐潤，
橫臥在安適的海面隨波浮沉，
飛翔在妳頂空的是群小天使，
將扈從妳去到新卜島的海濱。

請妳不要爲妳的那斷臂憂焚，
它更加增了人們對妳的愛憐，
我曾擁吻妳潔淨的腳踝良久，

爲了傳遞我對妳仰慕的心聲。

妳應該是早經感覺我的擁吻，
請爲我張開妳那微閉的眼睛，
放下那隻遮著頭額的手腕吧！
讓我瞻仰一下妳聖潔的靈魂。

——原刊四三年八月廿七日青副

無題

有一隻欠成熟的果子，
被一位飢渴的武士摘下，
因爲它的酸澀，
以致遭受到武士的唾棄和踐踏。

如果那武士知道自然的哲理，
對那隻果子加以愛憐；

待時轉贈給一位孕婦，
倒是一件兩全其美的事宜。

——原刊四四年三月廿日大學雜誌創刊號

碧潭暴雨

烏雲恃暴力將青山鎖銬，
吊橋因悲憤而啜泣，
洒淚珠於潭中
聲音是急促而凄涼。

人們亦爲之感動，
流出了同情的淚珠，
君不見：
行人衣衫已濕透！

——原刊四四年七月十一日青副

梧桐的信念

狂風刼持著我的孩子們呼嘯的去了，
留下的是我被蹂躪的身軀，
人們的漠視啊！
自有他們最正大的理由，
而我乃是一棵孤獨的梧桐。

我深信：
沒有永遠被烏雲遮掩的太陽，
更沒有永遠爲冰塊凍結的和風，
當寒冷的日子過了，
自又是一個美麗的春天！

——原刊四四年八月一日野風

鳳凰木

碧綠的葉子是你征戰的裝束，
鮮紅的花朵是你沸騰的血流，
而堅硬的果實啊！
乃是你持以抗暴的匕首！

當一陣強暴的風雨襲來，
你挺起胸膛勇敢的搏鬥，
雖然你受創之血液漂浮於河上，
你的精神卻更加抖擻！

——原刊四四年九月八日青副

歌五船員

五個年輕的小夥子是五位卓越的船員，

立志要爲祖國爭光而結爲伙伴，
四月四日吻別了芬芳的國土揚帆出發，
堅決要橫渡太平洋去到美國的舊金山。

狂風和暴雨他們都不害怕，
驚濤駭浪更不能動搖其意志一毫一髮，
船長雖曾一度爲巨浪捲入海中，
那打擊反使他們的信念益堅勇氣更大。

八月八號帶給國人可驕矜的音信：
他們五位青年已做了征服海洋的主人。
抵達目的地的消息爲舉世所傳播：
完成那遼闊征程的是炎黃的子孫！

——原刊四四年九月三十日現代詩

我愛

我喜愛自然，
自然是兒童的母親。
我喜愛兒童，
兒童是自然的化身。
讓我去和他們擁抱吧！
我要與他們共敘天倫。

——原刊四四年十月一日創世紀詩刊

悠閒

黃昏，我躺在鳳凰木下的靠背椅上，且蹺起二郎腿，
用我的曾經忙碌過的眼睛；

注視著遠方抹有脂粉的飄逸的雲朵。

我的煙斗是最富有幽默感的了，
不時將如墨水的煙，
傾吐於大氣之流裡隨之飄去；
我的思想
也飄去虛幻的樂園裡散步！

——原刊四四年十月十日新新文藝

沉默的樹

我是一棵年輕而沉默的樹，
青天是我的爸爸，
大地是我的母親，
杜鵑鳥是我的愛人，
而宇宙乃我受用不盡之書本。
爸爸爲生活而奔波，

母親是羸弱而多病，
愛人為終日的瑣務羈身，
我啊！
唯長年伴隨著書本。
我乃最寂寞之人了，
除開野孩子們間或攀來我的身體上談心。
痛苦呀！
螻蟻蛀食我以口器，
樵夫砍伐我以斧斤。
暴風啊，襲來吧！
洪水啊，淹來吧！
短暫而大的痛苦將換來永恒而大的安寧。
——原刊四四年十一月十五日路文藝月刊

攀登

我攀登上一條奇險的山徑，

這是去山頂的唯一的路程，
道途中滿佈著荊棘和煙瘴，
還有那腳底下的萬丈深淵。

忽然從天上降下驟雨一陣，
造成了這山徑的千尺泥濘，
我將一步一步的繼續前進，
去山頂迎接那燦爛的黎明！

——原刊四五年今日青年

塔

你的恆久不屈服的矗立之姿，
便是頻加侵襲的風雨亦有了退卻的意念。
而你最能引起我的敬佩的，
乃是你那不可改變的方角的個性。

——原刊四五年七月一日中國的空軍

火雞

當普羅米休斯去天國取火的往昔
曾經攜有一隻美麗的孔雀同去

在取得了火種來到人間的途中
終于被那天國的大神宙斯所發覺

宙斯持著鐵索在後面追趕
普羅米休斯儘最大的力量連同孔雀逃避

而終于在柯卡撒斯山的頂峰
發生了一場激烈緊張的搏鬥

正在這個危險萬分的當兒
孔雀機智的將自己美麗的長尾點燃

牠避開了宙斯凶頑的目光
輕盈而快捷的向人間飛往
人們爲了尊崇牠那智勇無匹的犧牲精神
乃贈給牠一個相當之炫耀的火雞的榮銜

——原刊四五年十月廿日現代詩

淚與汗

在太陽底下，
我用汗拌和著泥土。
在月亮底下，
我以淚洗滌著衣裳。

讓淚水化爲甘霖降落在世界的大地吧！
去浸潤那枯瘦的枝葉。
讓汗珠化爲美泉湧現在人類的原野吧！

去灌溉那飢渴的土地。

——原刊四五年十二月十五日北市青年新帆創刊號

萬日吟

我麼？我是一個年輕的尋夢者，
在戰亂與戰亂的喘息瞬間，
出生於祖國大陸心臟地區成品字形的
三個城鎮上面的那一個城鎮裡。

我曾經讀過六千零二十天的書本，
祇是沒有涉躐航海的知識，
以致在離開學校的港口
駛入茫茫人海的一千多個日子裡
遭受到的危險很多很多……
狂暴的風雨，驚駭的浪濤，潛伏的暗礁，

豈是我所懼怕的麼？
我呀！我要駕著我生命的孤舟，
朝向著詩的王國駛去！

——原刊四六年七月一日綠野文藝創刊號

懷鄉病

我以思想的腳步
踏上那萬仞懸岩
仰視穹蒼如漆
環顧週遭落寞似海

我伏臥岩頂
看大地正閃爍萬點星火
那輪廓一如故鄉夜景
我乃縱身跳下

奔向那裏……

——原刊四七年十一月十六日大道半月刊

我所以留著

臺北市早晨的情緒
亦是不安定的
那油煙的氣息
以及影響健康的吼叫
使人因之頭昏腦脹

不是爲了他藏有多量的書籍
我可要乘夜快車到鵝鑾鼻去了
挽靜謐的燈塔的腰肢
看巴士海峽的風雲

——原刊四七年十一月十六日大道半月刊

捕蠅紙上

在那爿黃色的咖啡廳
擠滿了金蒼蠅的紳士和蚊蟲的貴婦

鬧哄哄的歌唱
以及不休止的腳尖舞
使他們患上了過度的疲乏的病症
最後，他們終於躺下了，並且……
默默無聞的死去

——原刊四八年五月十六日自由青年

園丁

我是這家園主僱用的長工，

每天一大早就去打掃園地，
隔幾日剪一回枝；刈一次草。
花園裏修理得整整齊齊。

看天氣晴朗，風和日麗，
花兒在展笑，綠葉亦欣喜，
蝴蝶翩舞，鳥兒歡唱；
園中充滿著新春的氣息。

爲什麼忽然烏雲密佈，滿目陰霾？
卻原來是一陣怪風來襲！
十九世紀的陳渣敗滓；
又重復自天外飛了回來。

主人啊！快快將園門緊閉，
篷罩拉起，
弄髒了園地到不要緊；

難聞的是那股腐爛了的臭氣。

——原刊五二年三月三日聯副

三十五歲

展東捲十年的藍圖於畫架，
以我漸形蒼勁的食指作筆；
繪製我未完成的生命的圖形。

以出生地的漢口爲Ａ點，
以使我茁壯的重慶爲Ｂ點，
透過十七年的艱辛歲月；
乃連成了我的人生的底邊。

以曾鍛鍊我意志的鳳山爲Ｃ點，
我連續傾注以八年心血，
始凝結ＢＣ兩點成一線；

而完成了我的生命的第二邊。

於今，我已構思十年，
旦暮致力於ＡＣ點之連接，
雖海峽的巨浪滔滔；
我必將斷流投匳！

今日我堂堂正正的宣言：
我必完成我的生命的藍圖，
以我的氣吞如虎的盛年！

——原刊五二年三月廿八日公論報副刊

矛盾圓舞曲

我以左手
持我無物可破之盾
我以右手

執我無物不破之矛
我以右手之矛
刺我左手之盾
其聲鏗鏗

我以左手之盾
擊我右手之矛
其聲鏘鏘

我同時以我右手之矛
刺我左手之盾
以我左手之盾
擊我右手之矛
其聲鏗鏘不停

我用力至咬牙齘齒

橫眉豎目
且以足頓大地
以致淚流滿面
汗下如雨

於是；我乃在極度的疲勞中
以及圍觀者的哄笑裏
昏厥過去………

——（初名矛盾律協奏曲）原刊四七年十一月一日自由青年

故事

從前有一個愚昧的船長，
因爲他的無知以致於迷航海上，
船隻飄流到一個孤獨的小島；
歲月悠悠一去就是十年時光。

他在島上邂逅了一位美麗的富孀，
由於她的狐媚和謊言致使他迷惘，
她說要使他的船更新，人更壯，然後啓航；
而年復一年所得到的祇是免於飢餓的口糧。

她曾經表示要與他結成同命鴛鴦，
並給他大量的珍珠瑪瑙和寶藏，
而他的鬚髮已白，水手老去，
他卻始終無知於寶藏就在他自己的故鄉。

可惜這故事是如此的殘缺不全，
以致我無法告訴你那以後的情況。

——原刊五二年四月廿三日聯副

後記：讀古希臘荷馬（Homer）史詩奧德賽（Odyssey），有感而作「故事」新詩一首，投寄聯副，五日見刊。警總認係影射總統，裁定感訓三年。作者身心受創，固在少不更事，不知避嫌所致。而聯副前主編林海音女士，無辜連累去職。對林女士言，作者實在罪孽深重，百身莫贖。三十餘年來，午夜夢迴，猶自砰然心動。每欲負荊請罪，又恐對林女士造成二次傷害，未敢造次。箇中苦惱，不足爲外人道也。

作者對林女士深感歉疚，不知將如何補過？每念及此，內心輒愧怍惶恐，激盪不止，惟有默禱林女士健康長壽，幸福安寧而已。

八十五年四月十五日鳳池記於中和市素雲樓

自畫像

我有一個不爲人們喜愛的面型
我有一個不爲朋友諒解的個性
我醜陋的面型遮掩了我誠樸的內心
我沉默的個性限制了我奔放的熱情

——原刊四五年青副

女人和魚

——給少女們的忠告

女人和魚都是容易受騙的動物
而比較起來
魚比女人要聰明得多

有形的餌裏藏著有形的鈎子
這是魚所想像不到的
因爲那是「萬物之靈」的「傑作」

有形的餌裏藏著無形的鈎子
這是女人應該理解得到的
因爲她也是「萬物之靈」的一份子

而女人和魚還在繼續的受騙

所以女人和魚是值得同情的

——原刊五五年四月十六日生副

七月·在海上

我的生命之舟的吃水量
是很淺很淺的
在這七月的海上
也竟然觸了礁
於是；我乃忙予拍發
SOS的訊號

在雲端
我看不見一絲煤烟的踪跡
在海上
我聽不到一聲汽笛的鳴響

此刻；范迪颱風挾暴雨以俱來
致使我的視野糢糊
頭腦昏沉，恍惚置身於
一個大漩渦的中心

——原刊五五年七月十六日生副

速寫

金魚的服飾是很美很美的
而牠的天地太小了
於是，牠乃以假寐之姿
將抑鬱傾吐在
大肚皮的玻璃缸裏

——原刊五六年一月廿五日青副

井底蛙

說天是圓的是對的
但是圓形至少有五種
你究竟指的是那一種圓呢

說地是圓的也是對的
但是地之圓形決非你所見的
那種小小的平面圓

然而，你的夸夸其談的
天文地理
小朋友聽了也要摀著小嘴笑哩

——原刊五六年一月廿五日青副

戀歌

島的年齡自始就是一個秘密
而她是這般的年輕與沉默

任憑海之浪子是如何
一步緊迫一步的追逐與哀求
以及憤怒
她卻無所動心，保持冷靜

晚妝了的島是很美的
當夕陽西去的時候
海風輕拂著她的綠柳長髮
傾訴別後的種種……

——原刊五六年二月廿五日青副

凌晨聽海

雲是飄浮的山，
山是凝聚的雲。

星星是天空的巧巧燈，
海上的漁火
是倒映的繁星。

我坐在海邊，直似
坐在母親的身邊。

聽海的呼吸，
聽海的傾訴，
聽海的叮嚀。

啊！不眠不休的海洋，
恩澤廣潤的母親。

——原刊六二年一月路工月刊

過汨羅江

——哭愛國詩人屈原

三十六個金色的年已一一遁隱，
如今，我繫舟在海島的涯涘，
忘不了的是過汨羅的情景。

火車由武昌的徐家棚出發，
一路悲鳴，（而我的心早開始哭泣）
駛向汨羅江，爲憑弔您千古的忠魂。

月亮揮灑冷露如淚
汨羅江的水流似泣，

我虔誠地奔赴江濱拜祭。

火車在小駐之後，
發出巨響如雷的哀鳴，
聲震長空，江山回應。

我似曾看見您的身影冉冉上升，
二千二百餘年的軀體猶未朽蝕，
您的精神乃是您防腐的藥劑。

火車懷抱著至聖先師的心情，
把我成箱的淚水載往天國，
但願它能夠洗盡您所有的委屈。

——原刊七三年六月路工月刊

困惑

我年邁的老祖母
已經是奄奄一息
就快要死了

而我的碧眼的妻子
仍乃屬一孕婦
那孩子是胎死腹中
還是生下來就死去
我一無所知

此刻；我乃有了
被窒息的痛苦

——四五年作於屏東市

後記：四十五年，作者有感西方文化之衝擊，寫成此詩，投寄某報副刊。主編於稿末書「頗具慧心」見退。當時台灣禁忌之多，由此可見。

八年後，作者結識內子碧英女士，經過五年愛情長跑，始賦結縭。婚後三年，內子懷孕三個月即告流產。因憶及前詩中「……而我的碧眼的妻子……那孩子是胎死腹中……」等詩句。「碧」字與內子名字首字相同，「眼」字與「英」字諧音；而孩子生命不保，胎死腹中。兩度流產，沒有生育。萬萬想不到拙作竟成「詩讖」，唉！唉！這或許就是所謂的「天意」吧！

八十五年十一月十九日鳳池記於中和市素雲樓

給哈雷彗星

在中國人的心版上，
一個被刻劃成掃把星的女人，
是不受歡迎的。
而妳，哈雷彗星，
乃是一個例外。
人們爲著爭睹妳的風采，
在這個充滿熱情的島上，

連望遠鏡也被搶購一空了。
爲了欣賞妳的芳容，
有人甚至於——
「斜倚薰籠坐到明。」
而妳，哈雷彗星，
拖著長長的裙尾，
「千呼萬喚始出來，
猶抱琵琶半遮面。」
美誠美矣！
但就整個宇宙來說，
妳卻是短暫的——
「憑風馭氣須臾耳。」
啊啊，哈雷彗星，
知道妳如此受榮寵的原故嗎？
因爲妳是來自遠方的客人。
當妳乘1986次列車歸去，
在飛輪初動的時刻，

我向妳揮手道別：
「再見，我親愛的掃把星！」
——原刊七五年五月路工月刊

致影子

好，妳是很好的，
妳是確實在與我同甘共苦的。
當我站立在光明底下，妳與我合爲一體，
而我遠離了光明，妳亦復與我合而爲一。
有誰比得上妳的體貼？
有誰比得上妳對我的愛情？
影子，我的愛人：
願我倆相依相隨，直到老死。
——原刊四六年現代詩

環島之旅

全島的女孩子們都集合攏來，
成一列橫隊。
全島的男孩子們都集合攏來，
成一列橫隊。
面對面的站著，
鞠一個躬，且笑一個微笑。

然後，女孩子們的一列橫隊向右轉，
男孩子們的一列橫隊向左轉，
手攜著手的
就走起來，就唱起來了……

——原刊四六年現代詩

近體詩　三十三首

馬年題舊照

當年矢志除梟獍　匹馬單槍萬里征
水闊山高踪影渺　蹉跎歲月一老兵

呈　大父

大父歸休早　音容不可描
人生何短促　望海一長號

念大母　二首

先人卅二遽歸天　寡母孤兒度歲艱
遠路崎嶇愁日暮　單親護幼咽辛酸
年華九旬告圓寂　六秩清貞世界稀
兩赴鄉邦哭故墓　重言大去共淒迷

哀子吟　十首

海峽音書斷卅年　初傳噩耗淚如泉
誰知二十六春後　異路幽明母駕天
柔和秉賦肖生羊　七九年華壽且康
莫奈甲寅悲喋血　教兒無復見親娘
髫齡共負臢糞桶　鴨跩蛇行污姐襱
失手扁擔方剟位　娘親懷抱小頑童

當年寄寓蜀江邊　阿母求醫療乳癌
疾遽操刀亡醉藥　咬牙抱痛裂心肝
戊辰返里過長沙　景物依然落日斜
卌載分離辭母地　不堪回首對秋花
九三老父話娘親　望斷南天母愛深
最是傷心臨逝際　聲聲猶自喚兒名
勞碌奔波身似萍　臨終半載病難撐
不知享受爲何物　茹苦含辛過一生
思娘海角卌交春　未報一天養育恩
欲侍弗須慚立槁　徒爲長子憾終身
哀傷悱惻一心神　庚午戊辰二上墳
但願三參娘墓日　四方寧靜絕煙塵

法輪早日轢人間　再續來生母子緣
默禱紅塵無戰事　伴隨阿母度天年

後記：此詩寫成後，曾寄請台大前中文系主任葉慶炳教授斧正。多承指教，獲益良深；並承謬愛，在拙作「但願三爹娘墓日，四方寧靜絕煙塵。」兩句下加圈，眞是受寵若驚，愧汗淋漓。復蒙惠贈「秋草夕陽」乙冊，衷心感激。如今，先母已去世廿二年，葉教授駕歸道山，亦屆滿三年矣。撫今思昔，不盡唏噓。

八十五年九月十四日鳳池記於中和市素雲樓

悼亡父　三首

家人寄札報爹喪　噩耗初傳兩目茫
轉把音聞言顯妣　凝眸肖像淚成行

戊辰返里謁椿庭　忭願來臺度晚庚
惡吏橫裁雙向律　一番孝行斷腸聲

遺骸下葬翠吉崗　咫尺天涯近故鄉
世上偏多心碎事　無能竝槨瘞爹娘

思叔嬸 二首

人生相見太艱難　六十年間二面緣
重慶其前延漢口　匆匆拜候別尊顏

叔嬸相隨赴九泉　髫齡弟妹入中年
流離卅載重逢日　物是人非愣案前

登長城

山居老叟得閒暇　帶眷登城夕照斜
敢是來嘗邊塞酷　紛紛走避朔風沙

重過三峽

三峽盤紆景色奇　凝眸疊嶂使人迷
急湍險浪皆無有　更缺猿聲兩岸啼

歌陸莉

陸莉嬌柔相　高低楨擅長
巴城登后座　舉世美名揚

▲天儀按：巴城指西班牙巴塞隆納。

歐遊詩紀　八首

倫敦

歐遊首站是倫敦　四處清明耳目新
訪勝尋幽忙拍照　留之異日伴晨昏

阿姆斯特丹

三寶荷蘭始結緣　風車木履玻璃船
後輩亥時驚白晝　雲房老朽說方圓

布魯塞爾

比邦戰史添一奇　童溺撒完兵燹離
借問孩兒何住所　烏雲蔽日使人疑

▲鳳池按：溺童瑪底格荸事蹟存疑。

巴　黎

巴黎五月百花開　陣陣芳香撲鼻來
玉樹臨風艾菲爾　塞納河畔共徘徊

▲天儀按：「納」或作「拿」。

陸　森

從來瑞士愛和平　欣見國旗揚陸森
水秀山明風景好　留連半日忘歸程

▲天儀按：陸亦作盧或譯盧塞恩。

慕尼黑

歐遊六站抵尼城　忐忑心神放未平
綠水無辜滋孽子　夢縈大憨睡難成

▲天儀按：希特勒發跡慕尼黑。

維也納

奧京聽樂滌征塵　香布朗宮識玉人
內子接談通日語　百思交集感懷深

▲天儀按：作者夫婦於香布朗宮Schönbrum後花園中，邂逅日本女郎白木原步。

羅　馬

名宮故剎舊痕明　羅馬誠非一日成
勝境維修朝野力　古今百事在施行

讀葉慶炳教授人生抉擇賦感

父子兩榮民　救亡齊獻身
老大勤吟詠　愛國矢忠貞

李秀英讚

日寇佔南京　窮凶施辱毆

秀英奇女子　抗暴搏仨雠

▲天儀按：觀大陸尋奇感作。

賀十七齡之武漢嬌娃伏明霞

英姿颯爽玉雕身　奧運場中技壓群
翻滾騰飛渾似燕　跳台跳板摘雙金

▲鳳池按：奧運指美國亞特蘭大百年奧運會。

以上各詩均見刊七十九年三月至八十五年八月台灣新生報新生詩苑。

第三輯　生活趣話

現代人素描

1. 醉人醉語

八月間搬家，詩人春暉贈我嵌名聯一副，聯曰：

「鳳」閣寫水月，

「池」畔吟松風。

我將它懸掛在客廳的牆壁上。

這天，邀幾位朋友來家小酌。老李幾杯黃湯下肚，指著對聯說：「完全不符事實。將一幢沒有一絲中國味道的三層樓公寓叫鳳閣，此其不符者一也。老王不諳繪事，卻說成畫家，此其不符者二也。方圓一公里之內，連個小池塘都沒有，此其不符者三也。附近找不到一棵松樹，何松風之有？此其不符者四也。」

他獨自乾杯後，繼續說：「尤其是『池』字，語意欠明，到底是荷花池、養魚池、游泳池，還是化糞池呢？」

最後，他在爛醉如泥中，含混其詞地說：「依我看，八成是在化糞池旁邊吟詩。」

2. 新新人類

九月十八日清晨，偕內子外出散步。

當我們走到金城旅社時，在旅社二樓陽台上，有一條黃毛的小公狗，衝著我狂吠。隔了一會兒，一位摩登的少婦，出現在陽台上，嗲聲嗲氣地喚了一聲Darling，蹲下去把狗抱在懷中親吻，小狗馬上就不吠了。

走到碧峰岩附近，又邂逅了一個年逾而立，長髮短髭的青年，和他的一隻白毛母狗。那隻狗兇巴巴地向內子攻擊。青年以一種磁性的聲音，喊叫一聲Love，狗就奔向他的身邊了。青年拍拍牠的頸項，撫摸牠的頭毛，並且擁吻牠的面頰。

3. 欲速不達

十月下旬，北部一所國中，舉行第一次月考。二年級國文科的作文題目是：「我最喜愛的動物」。二一一班曾就喜愛各類動物的人數，分別加以統計。

統計甫畢，有幾名同學搶著報告結果。但聽一名男生大聲報道：「本班的同學，有二十一個是狗，兩個是貓，十七個是鳥，一個是蛇，三個是兔子，兩個沒血(寫)。」全班愕然。

4. 電話遙控

十一月十一日，星期五，老王和老楊在西門町不期而遇，寒暄幾句後。

老楊問：「爲甚麼街上到處都是『公』用電話，而沒有『婆』用電話呢？」

老王說：「老公的『毛病』，老婆最清楚。老公出門後，必須隨時隨地打電話回家，向老婆報告行蹤，用收遙控之效。歸納言之：名義上是『公』用電話，實際上是『婆』用專線。」頓了一下，又說：「啊！對不起，請等一等，我得馬上打一通電話回家，你也要現在打嗎？」

老楊頻頻點頭。

——原載七十三年一月十五日中央日報副刊

開懷篇

誰還敢喝

前天晚上，和幾位同事聚在一起聊天。談到翻譯的話題時，從事英文翻譯的王輔羊兄說：「現在老美也有No Three No Four的說法，即係直譯中文的不三不四而來。」我開玩笑地說：「那麼七上八下就是Seven Up Eight Down囉？」王兄笑道：「你小心七喜(7 Up)飲料公司找你算帳，七上八下，誰還敢喝呢？」

醉翁之意

妻說：「現在有些男人作賤自己，有事沒事，都往酒家跑，喝得醉醺醺的，破財傷身，不知道有甚麼樂子可言。」

我問：「妳讀過歐陽修的醉翁亭記沒有？」

妻答：「當然讀過呀！」

我說：「那不就得了嗎？醉翁之意不在酒，而在迷死(Miss)也。」

不要老子

去年夏天，某一個沉靜的黃昏，我偕老伴在T大的校園中散步，突然聽見有人喊道：

「這是誰把『老子』丟在路旁不管啦？」

「『老子』是我的，太老了，不我要啦！」是一個老外的聲音。

請君入甕

九月上旬，魚鳳章工程師自台北來瑞芳洽談公務，順便拜訪瑞芳幼稚園牛星袁園長、該園女老師公羊芳及熊啓天幹事。熟朋友見面，寒喧幾句後，便開起玩笑來了。

魚工程師說：「乾脆將瑞芳幼稚園改為瑞芳動物園算了。」

牛園長問：「為甚麼？」

「君不見貴園中既有老牛、猩猩、猿猴，又有公羊和小熊嗎，此非動物園而何？」

「很好，那麼就請閣下儘快為我們設計一個包括有池塘的大鐵籠吧！」

「幹甚麼？」

「請『魚』『鳳』『獐』入籠呀！」

女店員的小嘴

前天上街買運動鞋，跑了兩家，因爲店員的服務態度欠佳，沒有買成。到了第三家，女店員笑臉迎人。我選了一雙鞋面縫有YAMAHA牌的鞋子。內人選了一雙鞋面繡有一隻箭貫穿一顆心的圖案，和繡有一個英文字LOVE的鞋子。她看了對我們微笑著說：「好啊！先生踏琴韻的步伐，太太追尋愛情的腳印。」

——原載七十三年三月路工月刊

生活組曲

一、火星衝日

五月十九日晚飯後，八歲大的女兒，拿著當天的中央日報問我：「爸，甚麼叫做『火星衝日』呀？」我還沒有來得及回答，比她大兩歲的兒子說：「就是火星想衝到太陽裏面搶白光，而被地球擋駕了嘛！」

二、待嫁女兒心

一天，家政系詩選課，上白居易的七言古詩「琵琶行」。當教授口沫橫飛地講課時，突然從教室一角傳來巨大的鼾聲。教授雙眼從鏡框上緣掃瞄一遍，發現是楊喬曦正在夢周公，於是將她叫起來問道：

「老大嫁作商人婦的下一句是甚麼？」

「老二嫁給工程師。」她睡眼惺忪地回答。

三、大家樂

五月卅一日上午，本校發放六月份薪津，並加發端午節半個月獎金。
第三節下課後，有三位女老師在出納組聊開了。
蔡老師：「哇！林老師比白老師多領九千塊。」
白老師：「林老師的年資比我多，當然比我領的錢多嘛。」
蔡老師：「林老師領那麼多錢，一定很高興吧！」
林老師：「我領的錢多固然高興，白老師領錢少也同樣高興，因爲她還很年輕啊。」

四、芭樂東打

小鎮有一家冷飲店，在門口貼了一張誇大的廣告：「要甚麼，有甚麼。」
這天，我和幾位朋友進入店中，選了一個適當的座位。
小李：「老闆，來兩瓶芭樂東打。」
老闆：「對不起，我們祗有蘋果西打。」
小李：「你們不是說要甚麼，有甚麼嗎？」
老闆：「是啊，可是我們並沒有標明日期呀！」

五、話出如歌

有一個美國人到台灣來，參觀一家紡織工廠。當他聽見一位師傅對徒弟講的話以後，用流利的國語問他身旁的接待人員：

「剛才那位師傅說mi,sol,si,do,re，是甚麼意思呀？」

女接待員：「他說的是寧波話，棉紗線拿來。」

那個美國人說：「你們中國人眞妙，說話像唱歌一樣。」

六、記數有方

三月二日上午，我在台北市聯合門診中心體檢後，順便往中央日報領稿費。一樓門房要我在會客簿上登記，當我快速地書寫身份證字號時，門房說：這麼大的數字，有很多人都記不上。其實，我也不是記性好的人，只是把它編成一個小故事，才記住的。

我的身份證字號是：A101595296，我編的故事是這樣的：下午(Afternoon)一點零一分，朋友邀我去跳舞，我說：舞就舞吧！到了兩點鐘，我就溜出來了。

——原載七十三年九月路工月刊

「鐵」證

七十三年十二月廿五日，星期天上午，偕內子往台北市南海路國立台灣科學教育館，參觀「資訊與通信」展覽。

當我們坐下來休息的時候，無意間聽到一對青年情侶的談話。

女：「台灣的生活眞便宜。」

男：「請舉證以明之。」

女：「祇要花一元硬幣，機器人就帶領我們遨遊八大星球，並且告訴我們在那些星球上的體重，這不就是最好的證明嗎？」

男：「證『人』證『物』都有了，這可眞是『鐵』證啊。」

——原載七十三年二月路工月刊

教學筆記

一

每當輪到教一年級新生的國文，我就運用莫禮生單元教學法，對國小畢業的小娃兒，先來一次教學前測驗。我的方法很簡單，在黑板上寫「錫茶壺」三個大字，要他（她）們口頭回答，而聽到的總是千篇一律的答案：「錫——茶——壺。」

二

七十二年一月十五日，一〇八班學生顏幸妮，在讀完中副主編仲父先生的方塊「趣譚上了路」之後，特地跑來問我：「老師，趣譚既不是人，也不是動物，怎麼能上路呢？」

我說：「趣字會『走』，譚字會『言』，當然能上路囉！」

三

七十二學年度上學期改三年級國文期考卷，被幾名小男生的答案，攪和得眼花撩亂，下面兩題是他們的代表作：

一、朝秦暮楚：早晨從秦國逃出來，傍晚就到達楚國了。

二、重陽日：本意是重見陽光的日子，這裏指重獲自由的一天。

四

「老師，電視強棒出局很好看喲！」

「不對，不是強棒出局，是強棒出擊。」

「強棒出局和強棒出擊的意思不是差不多嗎？」

「那可不一樣，強棒出局是結束，說明強中更有強中手；強棒出擊是開始，卻是要打遍天下無敵手啊！」

五

一一二班學生陳素萍，作文不分段落，有兩次，我批「作文要分段」都沒有反應。

那天批改她的作文，卻發現整篇文章，分成四段，面目一新。我正思索促使她改變的原因時，看到自己對她前一篇作文的批語：「作文不分段，就好像女孩子沒有腰圍一樣難看。」不覺啞然失笑。

六

二一二班有個名叫郭清芳的男生，在一篇作文的結尾寫道：等我長大結婚後，我要做一位賢妻良母，讓我的丈夫兒女們，享受家庭中的溫暖。

我的評語是：你也想學蔡比，做「家庭主夫」嗎？

七

去年母親節前夕，我出了一道應景的作文題目。三三〇班學生李向華，在作文簿中寫道：小時候，因為調皮搗蛋，曾被母親重重地打過一「噸」。

我在發還簿子的時候說：「你母親用一噸的力量揍你，你還能活著，眞不簡單呀！」

「老師，您知道嗎？我也是大力士吔！」他反應敏捷地回答。

八

「己」字與「已」字僅半筆之差，學生經常寫錯，改不勝改。我特地編了兩句口訣，要他（她）們念，效果相當好。

自「己虛心」向學，成功「已」有「一半」。

九

上學期我出了一道作文題「散步」，楊天賜是這樣寫的：「每天清晨四點鐘，爸媽比翼雙飛到海邊散步，……」我在「比翼雙飛」旁邊批「沒有翅膀」，令其修改。他改爲「並轡前進」，我批「沒馬」。以後依次又改爲「並駕齊驅」、「聯袂」、「攜手」等，我按序批「沒車」、「陳腔濫調」、「不符事實」，並且令其繼續修改。最後改爲「並肩」，我批「勉稱允當」過關。

事後據他的導師告訴我：楊天賜說第五次修改是他的「最後關頭」，如果再要他重改，他就準備「犧牲」了。

十

三〇八班學生陳素雲，平時上課，不專心聽講，喜歡出些怪里怪氣的問題「考」老師，弄得任課老師啼笑皆非。

上學期某天英語課。陳素雲問：「上帝（GOD）與狗（DOG），由同樣的三個字母所組成，只是排列的次序不同，一在天上坐，一在地下跑，請問老師，爲甚麼有如此天壤之別呢？」

英語老師看了陳素雲一眼，不疾不徐地說：「狗兒貪玩，一心要下凡，上帝拽不住，牠就這麼墮落紅塵啦！」

陳素雲似有所悟，從此埋頭讀書，不再提出奇奇怪怪的問題了。

十一

下課後，和學生們聊天，談到一部名叫「鹿港摸乳巷」的電影，大家覺得片名有欠文雅，都爭著表示意見。我說：「且慢！先決定正名原則：國人念舊，新名詞最好以諧音爲主。」

「莫入巷」，許淑玲首先提出杯葛性的名字，理由是避免性騷擾。

「魔褥巷」，喜歡看科幻的黃志邦緊接著建議。

「莫茹巷」，余佳宏提出警告性的名稱，意在告誡登徒子流，不得亂吃女生的豆腐。

「慕儒巷」，黃瓊儀最後提出她的意見。

十二

那年西仕颱風來襲，當其消失後，收到畢業多年的學生劉望祖寄來一封慰問風災的信，將西仕颱風誤寫成西式颱風。我草覆一紙謝函，幽他一默：「你是用甚麼法子把颱風區分爲中式和西式的，下次來信時告訴我，好嗎？」五天後回信來了，上面是這樣寫的：「凡是進出台灣造成災害的，是西式颱風；沒有造成災害的，是中式颱風。」我看了不禁笑道：「好一個現代的惠施。」

——原載七十七年十二月一日國文天地

生活記趣

·之一

光陰荏苒，轉瞬間，已是民國的第二個乙丑年了。回憶十四年前，讀完詩經，適逢元宵節，因撰謎語一則湊趣。謎面是：足跡遍天下，手著唯春秋。謎底即詩經「靡國不到」，「無冬無夏」兩句。（前句見大雅韓弈，後句見國風宛丘。）當此佳節，爰鈔存稿假暢流一角發表，用資引玉云云。

·之二

去年十二月十六日，聯合報第七版載：玉里賭徒於夜間聚賭，管區警員前往抓賭，賭徒作鳥獸散。其中有三人由後門逃竄，先後掉落糞坑中。一人在糞坑就逮，另二人逃走，警員依憑彼等沿途所遺臭味尋獲。

當時筆者嘗戲撰打油詩「三句半」以記其事，詩曰：

警察抓賭博，
賭徒圖免脫，
三人落糞坑，
活捉！

現在時去數月，這些賭徒是否鞠躬盡瘁，「屎」而後已，就不得而知了。

·之三

因爲工作的關係，我每天除了看晚上七時半的新聞節目之外，幾乎與電視無緣。二月三日，破例看台視「五燈獎」一千集特別節目。主持人在每個節目表演之前，都要來一番簡介。當他介紹一個歌舞節目，說到某某等人表演「TOO」時，我傻眼了。一直等到打出字幕，才知道是演唱一首台灣民謠「天黑黑」。

·之四

前天傍晚，我沿著小溪散步，看見一對兄妹，各自提著滿滿的一桶水，由溪邊上來。走在後面的哥哥，對妹妹反復地嘮叨著兩句話，好像是說：「以提代挽，一歪提會翻濕。」奇怪的是：哥哥如此嚕嗦，妹妹臉上竟沒有一絲厭煩的神色。我頗感納悶，不禁問道：

「這位同學，你在說甚麼呀？」

「以茶代酒，以文會友。」這名國中的男生回答著。

「我怎麼聽不懂呢？」

「人家在背英文單字嘛。」他不好意思地說。

等我再問時，他們已經去遠了。

我琢磨了好一會兒，才知道他是用中英文夾雜著念的：以Tea代Wine，以Write會Friends。

·之五

三十四年七月下旬，在抗戰最艱困的日子裏，舉家避難四川。某天深夜，祖母做了一個夢。第二天早晨，祖母對全家人說：

「昨夜我做了一個夢，夢見在長江邊，停靠著一艘大輪船，升火待發。甲板上堆滿了行李。我家的一口箱子，平放在最上面，但是箱底朝天，放反了，我正準備叫人去擺正的時候，卻醒過來了。」

接著，祖母問大家主何吉凶。

父親笑著說：「好哇，反箱返鄉，我們馬上就要返回故鄉啦！」

不到一個月的時間，日本宣佈無條件投降，我們得以勝利還鄉。這是生平最愉快的一件巧合事。

——原載七十四年四月十六日暢流半月刊

往事堪回味

·老爸的高論

七十三年四月間，中視每星期三晚上，九時半至十一時，上演一個半小時的單元劇。除老爸外，全家大小都喜歡看。該劇在上演前，有一句廣告詞是：「既是挑夫，就得上路！」

某天晚上十時，老爸睡了一覺，起床小解，當走過客廳時，瞄了一眼電視說：「難道國家就沒有王法嗎？這批挑夫到處打架滋事，未免太不『上路』啦！」

·胡畫胡評

七十三年八月三日，聯副刊登胡金銓作「庸醫惡治」連環漫畫四幅，頗饒趣味。惟詳細觀之，發現畫中病人左腳受傷，醫生卻將右腳尖扳向後方。不知是胡君無心的錯誤，還是有意如此，未敢妄斷。

我將畫拿給內子看，她看了說：「這可真是名副其實的『胡』畫了。」感內子(亦姓胡)言，爰撰打油詩一首以記之：

金銓漫畫趙錢孫，

庸醫惡治誠堪憎，
左腳受傷療右腳；
胡醫胡畫胡批評。

·風雨生信心

陳素雲小姐在雨港基隆一所國小任教。一天，和一個名叫王紹南的學生個別談話，當陳小姐知道這名學生是來自風城新竹的時候，不禁對他充滿信心地說：

「在風雨中長大的孩子，將來一定有出息！」

·語意雙關

前年八月廿一日晚間電視新聞報導：總統特任錢純繼任財政部長，內定何顯重爲財部政次。國人對新任寄予殷望，咸認當時財政首要工作，厥在整頓紀律，掃除敗類，用能保持財政金融界的清純。有陳、王二老的對話爲證：

陳老：「國人寄望何顯重？」

王老：「財政首要是錢純！」

·歐美模式

去年某一個週末晚上，江蘇籍的假仙來寒舍聊天。

假仙：「你知道C、D、Q、O、V這幾個英文字母的起源嗎？」

我：「說說看。」

假仙：「這是幾個與嘴型有關的象形文字：C，男的大著嗓門求愛，D，女的鼓起嘴巴不答應。Q，男的示意要上吊，O，女的嚇得張口叫。V，『蓬門』今始爲君開，躺在床上等『看書』（Kiss）。」頓了一下，「你知道這一系列的進展叫甚麼嗎？」

我：「不知道。」

假仙壓低了嗓門說：「這叫做歐美模式的求愛三部曲。」

·撞球高手

週末，朋友們聚在一塊聊天。

陳小姐：「台灣的撞球高手是誰呀？」

劉先生：「賴順昌。」

陳小姐：「怎麼說呢？」

劉先生：「他一桿打出去，那些渾球就一個個地進洞啦！」

——原載七十五年七月十六日暢流半月刊

寶島人情濃

報載新莊某單位主管，因爲他辦公室的電話號碼末四字「八八七四」，諧音「爸爸去世」，申請更改號碼。電信局長認爲有理由，馬上爲他更換了一組新號碼。國人濃厚的人情味，又頻添一段佳話。

早有定論

老張和小李喜歡抬槓，這天，爲了誰的才學高誰的才學低的問題，爭論不休。

萬能博士說：「天下才學共有一石，曹子建佔了八斗，你我再有學問，充其量也不過一升、一斗。」

小李不服氣地問：「爲甚麼？」

萬能博士道：「古人不是早就說過『升斗小民』嗎？」

「五不」答問

青年文友王君，筆名五不。最近，有一位女讀者寫信問其含義，他的答覆如下：

「本人有五項重大的缺點：做人不知道圓融，做事不曉得變通，寫作不明白技巧，開車不遵守交通規則，而最糟糕的是——不懂罵人的藝術。所以取『五不』爲筆名，在於經常警惕自己，隨時注意改進。」

趣聯

基宜地區，自去歲入冬以來，將近半年的時間，霪雨不停。半年內，前往月眉山祈求放晴的信男善女，絡繹於途。有好事者戲撰一聯如下：

天老爺天天下雨，
月眉山月月求神。

——原載七十二年十月青年世紀

特技迷

星期日，我抽出一點時間，跟讀國中三年級的兒子聊天。兒子說：他曾經看過一次三人特技表演，有一個德國人，頭上頂著一塊木板，木板上面倒立著一個意大利人，另外有一個法國人，腰部緊栓在那塊木板上，兩腳懸在空中。當那個德國人在原地轉動時，全場掌聲雷動。

他並且補充說：「他們身上綴滿了小電燈泡，閃著五顏六色的光芒，燦爛奪目，非常好看。」

我說：「你說得老爸心頭癢癢的，快畫張圖給老爸瞧瞧吧！」

他順手抓起一張紙片，用原子筆一揮而就，我接過來一看，上面是這樣的：$A=\frac{V}{\Omega}$

我說：「這不是電學上應用最廣的歐姆定律嗎？」

兒子執著的說：「不，那是特技表演。」

女兒的俏皮話

六十九年九月二十日，中央日報副刊載成惕軒教授楚望樓詩兩首。我就第二首詩過漁叔墓園，製作了兩個辯論題目：第一、翰墨與金銀孰重。第二、鬱輪袍與夷歌孰優。跟妻展開一場激而不烈的辯論。

我讀高中的么女兒，以評判自命。第一辯題，她稱我是理想派，妻是現實派。第二辯題，她稱我是古典派，妻是新潮派。接著大聲宣佈：「辯論終結，媽媽獲勝。」

我調侃地說：「妳一再用二分法，離間我跟妳媽的感情，又作不公平的裁判，我不吃妳這一套！」女兒摹倣國劇花旦的道白：「我說爹呀，這是孩兒第一次做的拼盤（評判），好歹吃了吧！」

譯名大觀

上個星期天，老劉家裏開家庭會議，討論買鋼琴的事，關於廠牌的問題，就搞了大半天。老祖母要買啞蛤蟆(Yahama)，九歲的大女兒要買雅馬號(Yamaha)，七歲的二女兒要買野馬嚎(Yamaha)，五歲的小女兒吵著要買馬吼羊(Mahaya)，老劉也湊合著攪局，提議買一架猴壓貓(Hayama)。經過劉太太一番耐心地溝通，才知道大家要買的是同一種廠牌——山葉(Yamaha)牌鋼琴。

——原載七十一年十一月青年世紀

將門虎子

十餘年前，趙將軍長公子投考陸軍官校，主持口試的軍官是一位「詩迷」，要趙君舉唐詩說明時代青年應有所爲與有所不爲，趙君不假思索地回答說：「祖詠詩云：『少小雖非投筆吏，論功還欲請長纓。』此有所爲也。李頎詩云：『莫是長安行樂處，空令歲月易蹉跎。』此有所不爲也。」這位軍官晃著腦袋復誦一遍，然後向趙君點頭稱好，口試因而獲得高分過關。

如今，官拜砲兵上校的趙公子，還記得這一段往事否？

「名」詩「千古」

數年前，鎮上有一神經兮兮的中年男子，在基隆河對岸的斜坡上，搭蓋了一間茅棚棲身。據鄉人說：此男子特考及格，通曉音律，本人姑妄聽之。

某夜八時許，寒舍門鈴大作，全家老少，精神爲之緊張。開門一看，正是這位蓬頭垢面名聞小鎮的仁兄，手持一張破舊的信紙求見，我仔細瞧瞧，上面是一首五言絕句，字跡模糊，勉強可辨：

離離山徑草，
一季一枯榮；
農藥噴不盡，
涼風吹又生。

很顯然的，這是竄改白香山的「草」而來，但也不失爲寫實之作。基於禮貌，我讚美有加，送他下樓而去。可是他去而復返者三次，本人不堪其擾，心裏頗感不快，但又不能發脾氣，仍耐著性子說：「香山之作是千古名詩，老兄之作是名詩千古。」感謝上帝，他聽完我的話，面露笑容走了。

可愛的誤解

去年冬天，本鎮樂民戲院上演一部名叫「虎虎虎」的戰爭片，寫第二次世界大戰日本偷襲珍珠港事件。

隔壁七十六歲的王老太太，由十歲的小孫女陪伴，前往觀賞該片後，發表觀感道：「近十年來，臺灣地區的同胞，欣賞水準普徧提高了。電影散場的時候，我親耳聽見老年人講：『拖拉，拖拉，拖拉，拖拉！』中年人說：『好，好，好！』少年人嚷：『太過，太過，太過！』」

這位湖北籍的老太太吁了一口氣，繼續道：「就第二次世界大戰的結果說，日本帝國主義可以說是被我國和美國拖拉垮的。就這部影片的拍攝技術說，實在是好，好，好。就日本軍閥濫施轟炸的瘋狂暴行說，眞是太過份了。」

十歲的小孫女糾正她說：「不是啦，祖母，除了老年人和少年人講的話我聽不懂外，中年人說的是臺灣話虎虎虎啦。」

我恍然大悟地說：「哦，我明白了。老年人講とら、とら、とら，中年人說虎、虎、虎，少年人嚷Tiger、Tiger、Tiger，他們全在復誦片名啊。」

——原載七十二年四月青年世紀

妙喻

讀初中的時候，有一天上公民課，教室常規不大理想，華紹先老師幽默地說：「上帝捏泥巴造人，放進窰裏去燒，白種人、紅種人火候不夠，棕種人、黑種人燒過了頭，都沒有我們黃種人燒得這麼理想，大家能不珍惜獨厚的天賦，努力讀書嗎？」

誚

老李甚麼都好，就是有一個毛病，喜歡信口開河。這天，他又在同事面前亂蓋：「牛皮紙是牛皮做的，馬糞紙是馬糞做的，膠……」

項小姐笑道：「照你這麼說，獅身人面像，就是獅子的身體和人的臉做的囉？」

——原載七十二年六月青年世紀

壽人國中

今年暑假，全家大小五口，暢遊中南部歸來，剛一下車，讀國小二年級的女兒，迫不及待地說：「爸，好奇怪喔，每一個地方都有壽人國中吔！」

我問：「妳怎麼知道？」

她說：「牆上好大好大四個橫寫的紅字，爸也見過啦。」

我說：「傻丫頭，那不是壽人國中，是中國人壽——一家保險公司的廣告。」

——原載七十二年十月青年世紀

生活剪影

一

四月十八日早晨，我搭乘瑞芳六時四十八分的普通火車，前往台北。同時上車的有一位穿著紫色洋裝，中等容貌的小姐，坐在我的旁邊。當車子停靠在暖暖車站時，一位七十多歲的老太太，蹣跚地擠進我們的這列車廂，小姐很快地起來讓位給老太太，經過一番禮讓後，老太太終於坐下了，小姐則站立在她的前面。

「小姐在哪兒做事呀！」老太太問。

「電信局。」小姐輕柔地回答。

「那可好啊，吃點心不要錢。」

「老太太您誤會啦。」

「誤會，妳不是說在點心局做事嗎？」

小姐綻開了笑靨，好美，好美。

二

王茂霓公，已屆耄耋之年，仍以寫新詩自娛，實在難得。作品之中，每多奇句，謹摘抄一二，用饗讀者：

在一首題名爲「漁舟夜航」的詩中，有兩句是這樣的：「遙望海中，有著游泳的燈光。」另一首寫「公寓初建」的詩中，則寫道：「水泥地上，種滿鋼筋的韭菜。」

三

四月二十二日，星期天，早晨四時許，偕內子外出散步。我們走山路到達瑞芳海濱時，已經是五點多了。

跟往常一樣，我們坐在距離海邊約二十步的那塊斜坡的大石頭上。海邊的波浪相當大，眞個是「驚濤拍岸，捲起千堆雪。」

內子提議說：「我們來爲海浪打分數，好不好？」

我說：「好啊！」

很快地，我自個兒定了給分的標準：海水距離我們約十五步的地方給六十分；十步七十分；五步八十分；到腳尖九十分；打在身上一百分。

內子問：「你打多少分？」

我說：「六十。」

內子說：「我打八十分。」

我們各自堅持己見，相持不下，以致發生了爭吵。

內子生氣地說：「我要打一百分！」

我祇得讓步：「好了，好了，不要吵啦，我再加十分。」

內子笑了，我也笑了。

——原載七十三年七、八月成功之路

姊妹花受困記

去年夏天，在海水浴場，發生了一件趣事。

那是一個燠熱的星期天，前往游泳的人，絡繹於途。有一對年輕貌美的姊妹花，受不了熱浪的侵襲，在海水裏游過一段時間後，身子已經很累了。上得岸來，在附近找了一個陰涼的牆角，坐在地上猛灌汽水。一會兒工夫，引來路人的圍觀。兩姊妹感到很尷尬，乃抱頭鼠竄，落荒而逃。原來她們坐在一張印有「歡迎參觀，免收門票。」的海報下面。

這對當時穿著濕漉漉泳裝的姊妹花，到現在恐怕還不明白箇中蹊蹺哩。

正名之外

二十多年前，我在台北市陸軍某單位，擔任分隊長，那年夏天，帶領官兵，協助美軍顧問團，架設蟾蜍山至圓山的電纜線。因爲工作的關係，沒幾天，就跟老美混熟了。他們知道我姓名中間的一個字是「鳳」字後，不稱呼我的官階，改叫我Arabian bird（鳳凰），基於維護傳統文化，我據典力爭，堅決要求正名爲Chinese bird。老美照辦，可是叫快了，卻變成Chin-bir。

隊上士兵，依其諧音，背地叫我「鉛包」。（通信器材名，就是電纜Cable。）我雖風聞，未予追究。理由是：叫鉛包總比叫草包好，乾脆裝糊塗算了。

張屠戶逛紐約

張屠戶，年逾而立，略識之無。因爲生財有道，很賺了幾個錢。國內遊覽完了，五年前，又遠渡重洋，隨旅行團到美國紐約觀光。回國後，遇見熟人，就出示旅遊紐約的照片，炫耀一番。

劉先生：「呵，老張艷福不淺嘛，到美國泡洋妞。」

張屠戶：「胡說，我可沒有到那種地方去呀！」

劉先生：「喏！你瞧這張照片，背景是Bar。」

張屠戶：「導遊說：這是迷宮，容易進去，不容易出來。我們都不敢進去。祇是在外面拍照留念而已。」

巧口

前年，有兩名國小四年級的小男生，打從瑞芳鎮逢甲路經過，看見一塊橫寫的招牌而引起爭辯。一個說應唸「簡代書」，一個說該讀「書代簡」，吵鬧個沒完。

簡老先生戴副老花眼鏡，隔著窗子，笑咪咪地向他們招手。等這兩名小男生靠近窗口的時候，簡老先生對其中的一個說：「你唸『簡代書』是對的，簡是我的姓，代書是我的職業。」又對另一個說：「你唸『書代簡』也是對的，就我國的歷史說，今天的書本，代替了古時的簡冊。」

兩個小傢伙，向簡老先生道過謝，笑嘻嘻地離開了。

——原載七十三年五月路工月刊

開洋葷

許久以來，電視上經常打出「麥當勞」的廣告，看見那夾著一大片牛肉的漢堡，不禁垂涎欲滴，可是不知道地址，欲購無門。

七月十五日，偕內子往北市聯合門診中心看病。返回途中，經過館前路，發現新開了一家麥當勞分店，眞是喜出望外。我們花了八十元，買了一份最貴的幸福漢堡，中間夾的是一層牛肉醬、兩片黃瓜、一個蛋黃、一點蕃茄醬與少許沙拉，和在電視上看到的不一樣，而且價錢比熱狗整整貴上十倍。心中頗有上當的感覺。我因爲「記性好，忘性大」。特別拜託身旁的內子說：

「麥」克「麥」克，老闆賺錢，

「當」知「當」知，美而不廉，

「勞」記「勞」記，Not again。

——原載七十五年一月路工月刊

天女散花

小黃和婷婷是一對年輕的夫妻，也是一對歡喜冤家，過著快樂的生活。當然；他倆和一般的年輕夫婦一樣，有時也會鬧點小彆扭。

一天，我因事打從他們家門口經過，順便進去瞧瞧。但見婷婷嘟著小嘴，將桌面上的象棋子推落滿地，小黃蹲下去撿棋子。他瞥見我來了，提高嗓門說：

「王大哥，您運氣眞棒，剛好趕上『天女散花』。」我與小黃笑了，婷婷忍不住，也噗哧一聲地笑了。

女生的作文

上學期(七六年一月廿二日)，北部某國中二年級期考作文題目是「多長一歲的感覺」。二〇二班女生黃秀珠，在作文中寫道：「多長一歲，對我來說，有喜悅也有煩惱：喜悅的是我又大了一歲；煩惱的是我又老了一年。」

怎麼我沒想到

本校有男女學生三千人，樂隊卻是青一色的女生，而且陣容浩大，由四十一名學生所組成，允爲本校特色之一。

某天下午，她們聚在樂器室門口，待命降旗。我經過那兒，問其中一名程姓女生：「妳是小喇叭手？」「不是。」「大鼓手？」「也不是。」接著又問了小鼓手、天娜、銅鈸、長笛、薩克斯風、巴里洞、伸縮喇叭及鐘琴等十餘種樂器都說不是。

最後，我開玩笑地說：「這也不是，那也不是，還算是樂隊隊員嗎？」她不好意思地低下頭來。附近的女生異口同聲地說：「她是指～揮～。」

語塞

賴太太整天嘮叨不停，賴先生頗感煩惱。一天，賴太太問賴先生：

「你最喜歡甚麼動物？」

「在所有的動物中，我只喜歡魚。」

「爲甚麼？」

「牠不會整天喋喋不休。」

賴太太：「……」

明天俺請客

兒童節前夕，八十歲的王老和二十九歲的小陳，在一塊聊天。

小陳：「王老，明天是兒童節，準備如何過節呀？」

王老：「俺都七老八十的，又不是小孩子，還過甚麼兒童節，怕不笑掉你奶奶的大牙才怪咧！」

小陳：「張岳軍說：『人生七十才開始。』依此推算，您今年正好十歲，不是您過節，難道還是晚輩我過節不成？」

王老：「高！算你小子會說，明天俺請客。」

——原載七十六年六月十六日暢流半月刊

笨鳥先飛

周昆龍老師，年逾花甲，精神體力，已大不如前。但是他照樣準時上課，就是爬上三樓的教室，也分秒不差。一天，三樓一〇八班同學王君問道：

「老師，學生平日見你走路，總是慢半拍，何以每次都能準時進入教室呢？」

老師：「道理很簡單，笨鳥先飛嘛。」

沒有讀書

去年十二月廿五日，在開往台北的火車上，無意間聽到兩個青年朋友的對話。

女：「最近在家幹嘛？」

男：「讀司馬遷的史記。」

女：「是些甚麼內容呢？」

男：「有本紀、世家、列傳、表等，這些我都讀過了。」頓了一下，「就是沒有讀**「書」**。」

女：「神經病！」

膠柱鼓瑟

上週末，朋友聚在一塊聊天，談到韻文的斷句問題。槓子頭老劉，認爲馬致遠的天淨沙末句應二字一斷，即：「斷腸、人在、天涯。」並且舉例以證明自己之「是」。

周兄斥其非。提醒他讀書應知其常，也應知其變。因舉唐代詩人劉象詠仙掌詩云：「萬古亭亭倚碧霄，不成擎亦不成招；何如掬取天池水，洒向人間救旱苗。」這是一首四、三斷句的七絕詩，但是第二句不可如斯斷句，否則不通矣！老劉不聽，仍固執己見。

周兄說：「要二字一斷可以，唯須改一字。」接著模仿老劉的胯子聲音唸道：「斷腸、人『死』、天涯。」語畢，舉座哄笑。

——原載七十六年九月一日暢流半月刊

莞爾集

▲我不要佔便宜

星期天早晨，父親答應帶五歲的女兒到兒童樂園去玩。告訴她要遵守秩序，注重禮讓。並且特別說明「吃虧就是佔便宜」的道理。

上午八時許，父女在車站等車。大家排隊等車，秩序井然，車子剛到，人們卻蜂擁而前，秩序大亂。父親牽著女兒，站在原地不動。女孩突然掙脫父親的手說：「爸：別人都不要佔便宜，我也不要佔便宜啦！」

▲終於開口了

內人年逾不惑，突然對英語會話發生興趣。陽曆新年伊始，買了好幾卷錄音帶回家，竟日靜聽不輟。由於幼年失學，根基不好，加以性格內向，羞於啓齒，一個多月了，還不敢開口說話。二月八日凌晨四時半，外出散步，在路燈光下，遠遠望見貴堂液化石油氣的老闆。

「Gas！」她好不容易迸出一個英語單字。

「Yes。」我七分鼓勵，三分會意的回答。

▲說話四字經

民國五十四年，聆鹿宏勛先生演講「語言的情趣」。那是一次生動而有趣的演講，予人的印象，特別深刻。現在雖事隔十九年，主要內容，記憶猶新。謹抄錄說話四字經如下，供讀者參考：

一、相見道好；二、委事道請；三、偏勞道謝；四、失禮道歉。

▲無「所」適從

每次去板橋，在後火車站下車，沿著重慶路筆直走，到了重慶國中對面的一條叉路上，一眼瞧見那塊長方形牌子，上面寫的「神的教會」四個大字，心裏總不免要問：「人的教會在哪兒呢？」

▲中西有別

六十七年十月間，我的右小腿內側，染患蜂窩組織炎，不能行動，而住進榮民總醫院急診室。

有一天，一位美國父親，抱著四歲的小兒子，到急診室來，爲小孩燙傷的手部換藥。當醫生爲小孩撤紗布的時候，父親叫：「No Crying，No Crying！」小男孩卻嚎啕不止。大約半個小時後，一位中國父親，帶著同齡的小女兒，到急診室來打針。當醫生在小女孩臀部打針的時候，父親說：「不要哭，哭就會痛。」小女孩趴在病床上，連氣都不敢吭一聲。

——原載七十三年三月成功之路月刊

怎可下海

夏天某日，清晨四點鐘，我獨自一人冒風雨往海邊散步，約一個半小時後才回家。剛跨進大門，內人急著問：「你有沒有下海？」我說：「妳明明知道我是公務人員，怎麼可以『下海』呢？」

君子有別

今年元旦，偕妻前往台北市一位前輩家中拜年，老人家雖然年逾古稀，風趣不減當年。知道我濫竽教育界十有餘年，仍舊兩袖清風，因道：

「君子有兩種：一種是有才德的君子，一種是有錢財的君子。有才德的君子有三樂：父母俱存，兄弟無故，一樂也。仰不愧於天，俯不怍於人，二樂也。得天下英才而教育之，三樂也。有錢財的君子也有三樂：一樂開補習班收補習費。二樂有自己的大房子住，有最新式的轎車代步。三樂開店舖賺大錢。」老人家吁了一口氣，繼續說：「有才德的君子是永遠無法與有錢財的君子相同的啊！」語畢，哄堂大笑。

——原載七十三年一月成功之路月刊

真情流露

老李是本公司出了名的道學先生，平日不苟言笑，道貌岸然。孔子說的「非禮勿視，非禮勿聽，非禮勿言，非禮勿動。」他全做到了。

這天，參加葉小姐假某大酒店舉行的婚宴，一邊吃喝，一邊欣賞歌舞表演，神采飛揚。宴罷，他渾然忘我地說：「今天的節目，眞是多采多『姿』，有聲有『色』。」

魚與熊掌

有一對年輕夫婦，同在一家皮革工廠做工。太太快生產了，先生寫了一張請假單，與太太同時請假，以便照料。廠長在請假單上，批了十個大字：「生產者不生產不生產者生產」因爲詞意含混，他看不懂。問了好幾位同事，都搖頭說：「莫宰羊。」

最後，這名男工，祇得硬著頭皮去請教廠長的女秘書，年輕貌美的女秘書，接過請假單，瞄了一眼說：「廠長的意思是：你太太要生小孩子，不要參加工作，你不生小孩子，要參加工作。」

——原載七十三年一月路工月刊

生活散記

·電視迷

去年十二月十八日晚上，大夥聚在宿舍裏，觀賞中視的「一代女皇」。老烟槍李國治和十二歲的吳淑儀小妹妹也在座。正在緊要關頭，老李的烟抽完了。他手持鈔票，渾然忘我地對吳小妹妹說：

「武昭儀，替朕買一包長壽牌的香烟來！」

·三「娘」教子

好友劉君伉儷，日前來訪。愚夫婦正陪伴他倆在客廳聊天之際，讀國小一年級的兒子，從書房跑出來，要求他媽媽講授唐詩金縷衣。當內子介紹作者生平時，兒子調皮的問：「杜秋娘和紡織娘是不是姊妹呀？」內子說：「杜秋娘是人，紡織娘是昆蟲，還有個看麥娘是植物，各不相干，以後可不許瞎扯喔！」

劉君笑道：「嫂夫人可眞是三『娘』教子啊。」

·秋收

有一年，我寄了一篇文章給某雜誌社，過了半年才登出來。

我說：「我的天，現在才見到面。」

妻問：「甚麼時候寄去的？」

我說：「一月二十八日。」

妻說：「這可是名副其實的秋收啊！」

·詞帝更名

某專畢業的劉姓學生，腹笥有限，長於文飾。一次，談到李后主，他將姓名念成「李煌」。

王同學糾正他：「不是李煌，是李煜。」

他台風穩健地說：「李后主生前叫李煜，百年之後已改名叫李煌了。」

·我是小人

某日，文友們聚在一塊聊天，趙文友問我：

「你是君子還是小人？」

「我是小人。」

「何以知之？」

「夏元瑜教授說：『君子蓋實，小人蓋虛。』拙作多屬虛構，是知我爲小人也。」

——原載七十五年四月十六日暢流半月刊

佛娜蘿偶集

一、最佳搭檔

七月廿二號，星期日，朋友聚在寒舍聊天。

陳小姐說：「外國人的名字眞難記。」

王先生道：「我看未必，舉例說吧，美國民主黨總統候選人與副總統候選人的名字就很好記，一個是『猛逮耳』(Mondale)，一個叫『弗拉囉』(Ferraro)。將來當選之後，一個裝紅臉，一個裝白臉，還眞是最佳搭檔哩！」

二、花招

七月廿四日早晨，我正在聚精會神地讀中央日報第一版的新聞，隔壁念國小四年級的梁小妹妹，突然告訴我說：「王伯伯，佛娜蘿好可憐喲，剛當選美國民主黨副總統候選人，就得了重病。」

「在哪兒？我怎麼沒有看到！」

「喏，您看！」

接過報紙，第五版邊欄「佛娜蘿倂發症」六個標題字，映入我的眼簾，心著實跳了一下。

細看內容，原來是一篇報導美國當前政情的特稿。

——原載七十三年十一月路工月刊

黑白講

·之一

從前有一位私塾老師，腹笥有限，經常隨便斷句，胡亂解釋，鬧出不少笑話。

學生：「請問老師，甚麼叫做『風馬牛不相及』呀？」

老師：「風馬就是跑速如風的馬，也就是世俗所說的飛馬。牛不相及是說牛趕不上牠。即或是用田單的辦法，將蘆葦浸油後，綁在牛尾巴上點火燃燒，也是無法追趕得上的。」最後，老師作結論說：「故曰：風馬，牛不相及也。」

學生應諾，鞠躬而退。

·之二

還有一位私塾老師，對於學生的問題，也經常作似是而非的解答，讓人聽了滿頭霧水。

學生：「老師，『牛山濯濯』是甚麼意思呀？」

老師：「牛山者，垃圾山也。爲甚麼是垃圾山呢？因爲滿山都是牛，所以滿山都有牛大便。故曰：牛山者，垃圾山也。濯者，洗也。濯濯者，洗了再洗也。爲甚麼要洗兩次呢？因爲牛山太髒，一次洗不乾淨，必須再洗一次。是知牛山必須洗兩次才能乾淨啊！」頓了一下，「古人誠不我欺也，小子其識之。」

學生應諾，秉筆而書。

——原載七十四年四月路工月刊

空山人語

去年夏天，某一個週末的黃昏，偕老伴至瑞濱看海。返家途中，坐在半山腰的紹斯亭休息。驀然間，由花叢裏傳來一對情侶的談話聲。

女：「我問你一個成語，每句只准用三個字回答。」

男：「好啊！」頓了一下，「不過我有一個要求，答對一句，打一下手心。」

女：「好。」

男：「妳說吧！」

女：「寧爲雞口的好處是甚麼？」

男：「好親嘴。」

女：「你好壞。」

男：「下一句！」

女：「勿爲牛後的好處呢？」

男：「少挨踢。」

接著是兩記清脆的擊掌，和一連串爽朗的笑聲。

——原載七十四年五月一日暢流半月刊

數來寶

十二月一日，北部某高中，爲配合中央民意代表選舉，特舉辦模擬活動。一陳姓女生競選「立委」，抽中十三號，內心頗感不快，因萌退志。事聞於余，爰撰「數來寶」以逗趣：

十三號，洋迷信，
金髮碧眼多忌諱。
在中國，可不同，
從古到今好數目：
書有十三經，畫有十三科；
皮黃十三轍，玉戕十三行。
漢朝行政區域十三部，
我國醫學十三科；
我國佛教十三宗。
最福氣，李克用，

義子十三人，
個個官拜太保，位列三公。
清乾隆，商務盛，
西歐各國洋行十三家，
分設廣州和澳門。
民國十三年，
國父手創革命軍，
自此國家防衛臻鞏固，
百姓生命財產有了保護。
陳素雲，好運道，
「立委」候選抽中十三號。
「拜託各位兄弟姊妹，
拜託各位鄉親父老：
懇請惠賜神聖的一票，
懇請惠賜神聖的一票！」

——原載七十六年一月一日暢流半月刊

南北相映兩趣聯

在浙江省永嘉縣（即溫州）北部，甌江中孤嶼山上，有一座名爲江心寺的古廟，建於唐懿宗咸通年間（距今約一千一百餘年）。宋高宗南奔時，嘗駐蹕於此。該寺門首有一副十言對聯，其中有八個字是疊字，甚是有趣。聯曰：

雲朝朝朝朝朝朝朝朝散

潮長長長長長長長長消

傳說此聯出自南宋狀元王十朋的手筆。上聯第二、四、五、七、九字音朝夕之朝，第三、六、八字音朝拜之朝；下聯第三、六、八字，和「漲」字同音同義，第二、四、五、七、九字，和「常」字同意同義。

無獨有偶的是，在河北省臨榆縣東門（即山海關）附近的姜女廟（一名貞女祠），前殿檐柱上，也有一副十言對聯，其中有七個是疊字，亦甚有趣。聯曰：

海水朝朝朝朝朝朝朝落

浮雲長長長長長長長消

上聯第三、六、八字，和「潮」同音同義，第四、五、七、九字音朝夕之朝；下聯第三、六、八字，和「漲」字同音同義，第四、五、七、九字，和「常」字同音同義。

念念看，您不認爲這是我國南北相映成趣的兩副對聯嗎？

——原載八十年七月一日國文天地

小品五帖

一、調 笑

十一月二十二日，參加新課程標準研習會完了，返回家中，剛坐下來，內子詢問開會的情形，我據實以告。

她繼續問：「有甚麼心得沒有？」

我說：「當然有啊，舉例說吧，我從師大單文經教授學得『四我齊觀』的方法。」

內子笑道：「願聞其詳。」

我指著客廳懸掛的一副嵌名聯說：「『鳳』閣聽雨，『池』畔看書。這是朋友對我的看法，稱爲『投射的我』。而這正是我夢寐以求的，所以也可以說是『理想的我』。」

她插嘴說：「還有兩我呢？」

我沉思了好一會說：「隔窗聽暴雨，倚枕看閒書。這是自我的寫照，是『主觀的我』。而這也是現實生活中最好的，所以這副對聯的內涵也代表了『價值的我』。」

內子問：「該不是咬牙巴骨吧？」

我說：「妳認爲呢？」

我忍不住笑了，內子也笑了。

二、女兒的俏皮話

今年深秋，在一個細雨紛飛的下午，全家人聚在客廳，談中視連續劇「書劍千秋」的情節。當說到小芸謀刼劉瑾所表現的女英雄氣慨時，雨正好停了。

我不禁吟道：「卻道天涼好箇秋。」

十三歲的兒子問：「爸在說甚麼呀？」

讀大一的女兒笑著說：「爸讚美秋雨停（邱于庭）啦！」

三、詼諧劇

一九八四年二月廿二日，星期三，於O大K教室。幾名學生聯手捉弄一位年輕的教授。

學生甲：「請問教授，甚麼叫做進步？」

教授：「進步是相對於落伍說的，凡是費時費力的就是落伍，省時省力的即爲進步。」

學生乙：「請教授舉例說明。」

教授：「好的，例如打電話，過去用手指撥電話號碼，費時費力；現在用手指頭按電話號碼，省時省力。就是最好的例子。」

學生丙：「啊，我明白了。過去學長們用手抄別人的筆記，費時費力，是落伍。現在同學將別人寫好的筆記拿去Copy，省時省力，是進步。」

（學生第一次哄堂大笑。）

學生丁：「過去學長們向父母要錢，用寫信的方式，費時費力，是落伍。現在同學們打電話回家要錢，省時省力，是進步。」

（學生第二次哄堂大笑。）

學生戊：「現在的人追女朋友，單刀直入，說一聲：『I Love You！』省時省力，最進步。」

（學生第三次哄堂大笑。）

學生戊神氣十足地，繼續說道：「古人則不然，轉彎抹角，嚕里嚕嗦。說甚麼：『願在衣而爲領，承華首之餘芳；願在裳而爲帶，束窈窕之纖身；願在……在……在……』」（他不斷地摸腦袋，顯然忘記台詞了。）

年輕的教授，不慍不火地接下去說：「願在襪而爲底，聞無塩之臭腳。」

（女生圓睜杏眼，男生默爾低頭。）

四、三句話不離本行

十一月二十四日，週末。爲了孩子的事，與做醫生的內子，發生爭執。

她連珠砲似地說：「如果你還不閉嘴，我就把你的姓名送到手術房開刀，第一字割去一刀，第二字割去兩刀，第三字割去三刀……」

內子說些甚麼，我沒有完全聽清楚，但是一聽說開刀，我就全身發軟了。趕忙作揖說：「太太，丈夫這廂陪禮了。拜託，拜託，可千萬別送我去開刀啊！」

她噗哧一笑：「瞧你嚇成那個樣子，我不過是要拿你的姓名開刀，罵你出口氣罷了。」

您道內子罵我甚麼，她罵我是「土—鳥—也—」。

五、消遣

陳君和我是三十年的老朋友，多年不見，這天碰上，特別高興。寒喧幾句後，陳君看見我的頭髮掉光了，送我一個綽號：「季孫行父」。（註：據穀梁傳記載，季孫行父是個禿子。）

我把陳君的身體，扳轉一百八十度，仔細端詳他脖子左後方的那個腫瘤，似乎更大更圓了。我也回敬他一個綽號：「月」下老人。

他回轉身來，哥兒倆相顧大笑。

——原載七十四年二月一日暢流半月刊

生活瑣記

一、「高」見

春節以還，朋友之間的熱門話題是：避免無謂的應酬。一天，有人建議「以茶代酒，以文會友。」

老高開腔了：「不喝茶的怎麼辦，不會寫文章的又怎麼辦？」

小莊問：「依閣下的高見呢？」

老高說：「我的看法是：不如『以汽水代酒，以交談會友。』來得現代而親切。」

二、門外漢

讀大三的劉淑美，酷愛文藝。古典文學及當今中外一流雜誌，均有涉獵。一天，我問她：

「文壇的元帥是誰？」

「張九齡。」她不假思索地回答。

「文壇的門外漢呢？」

「當然是老師囉。」

「爲甚麼？」

「到目前爲止，我還沒有看見『文壇』上登過老師一篇文章。」

——原載七十四年六月十六日暢流半月刊

贈內

七十三年六月七日凌晨四時，偕內子外出散步。中途邂逅退休的吳先生，相約同行。當我們漫步於一條山路時，突然看見一條毒蛇，橫陳道中，擋住去路。吳先生年事已高，動作遲緩。我乃從他手中，拿過枴杖，欲來一次擊「節」稱快，爲內子所阻。

內子要吳先生和我儘快離開，由她對付。但見內子一面用手電筒照射毒蛇的頭部，一面吆喝其退去。隔了一會兒，蛇也就逸入路旁草叢中了。當時我心中暗贊道：「強者，你的名字是女人！」回到家中，因戲撰嵌名聯一副以贈之。聯曰：

小家「碧」玉，

大野「英」豪。

——原載七十五年一月路工月刊

以狗為親

十二月廿六日早晨，偕內子外出散步。走到舊街一家門口，有一隻大白狗，對著我們狂吠。一個穿著入時的少女，叫牠兩聲：「ㄅㄞ ˙ㄅㄞ」牠就乖乖的不吠了。又走了一段路，邂逅一個長相很帥的青年，他的一條小黃狗，朝著我們猛吠。青年叫了一聲「ㄚˊ ㄧˊ」牠也乖乖的不吠了。

內子若有所悟地笑道：「啊！我明白啦。」

我問：「妳明白甚麼？」

她說：「怪不得大家直嚷疏離感，原來人把感情都放在狗的身上去了。」

——原載七十四年九月路工月刊

趣譚八則

一、度週末

在期終校務會議席上，校長代表全體同仁，贈送紀念品給奉准退休的吳老師後，請他說幾句話。吳老師站起來慢條斯理的說道：「古人云十年如一日，我今年六十歲，等於過了六日，正好相當一個星期的週末，現在我要去度週末了，謝謝各位，再見！」言畢，全場報以熱烈的掌聲。

二、最簡短的對話

老李和老劉兩位山東大漢，同住一室，某夜，老李起床小解，驚醒了睡夢中的老劉，其對話如後：

「誰？」

「俺。」

「啥？」

「尿！」

三、道聽途說

星期日，偕妻登雞籠山，前面是一小群大學生，嘻嘻哈哈，有說有笑。突然，見一女生大發嬌嗔，追打著向前奔跑的一名男同學。走在後面的一個男生說：

「阿珠好菜，不知道憐香惜玉。」

「你才菜哩，成語都用錯對象了。」一名女生說。

他慢吞吞地回答：「沒錯，憐楚留香，惜賈寶玉。」

四、寂寞的十七歲

三月二十七日下午，偕妻在臺北市重慶南路一段某書店選購書籍。

「有沒有『管子』？」一位年近六旬的老先生問。

「書店哪來的管子？我從來都沒有聽說過。」一個約莫十七歲的女店員回答。

老先生沒有作聲，靜靜地走了。女店員呆呆地站著，顯得很寂寞。

五、六一二

好友劉君，在郵政局做事，對於臺灣郵區的三百五十二個郵遞區號，背得滾瓜爛熟。他的么兒子被劉太太寵壞了，驕縱傲慢，不服管教，劉君經常罵他六一二。這天，劉太太沖著他問：「你老是叫孩子六一二，是甚麼意思嘛！」劉君說：「你查一查臺灣郵遞區號一覽表就知道了。」劉太太查了半天才查出來，她惱怒地說：「你是存心氣我，竟把自己的兒子叫太保。」——讀者文摘轉載

六、禮帽·禮貌

小時候，父母帶我到親友家做客之前，先由母親爲我穿衣戴帽，再請父親檢查通過後，才能出門。父親檢查時，總是微笑著對我說：「戴上禮帽要有禮貌，也唯有有禮貌的人，才配戴禮帽。」

七、令　尊

上個星期天，我帶著讀國小三年級的么兒子，上街買東西。路上遇著他的老師陳麗容小姐，陳老師指著我對他說：「這是令尊吧？」

「他不是令—尊—，是我爸爸。」兒子大聲地回答。

八、機器人

上個星期天，劉太太來寒舍串門子。在客廳和內子聊天，當她們談到機器人時。

內子說：「我家就有一部。」

「在哪兒？」

「在書房裏。」

劉太太走到書房門口瞄了一眼，回過頭去輕聲地問內子：「你是說你先生？」

內子慢條斯理地說：「是呀！叫一下，動一下，不是機器人是甚麼？」

——原載六十九年九月十六日至七十三年九月三日中央日報副刊

幽默選粹

本人前在師大受訓時，年輕教授，爲了使我等老童生提高學習注音符號的興趣，所選作業內容，均極輕鬆有味，確實收到了教學的效果。謹選介五則於後，以饗讀者：

一、理所當然

有一個性格豪爽的富翁，得了重病，需要輸血。一個猶太人打聽到富翁的血型跟他是一樣的，就趁著富翁病況惡劣的時候，抬高價錢，以一西西一萬塊的代價，把自己的血賣給生病的富翁，滿以爲這次可以大大賺一筆錢。

不料富翁病好了以後，生平第一次賴帳，不肯付錢。你說爲甚麼？原來富翁身上已經有了猶太人的血了。

二、飯碗要緊

有一個動物園徵求一個管理員，有一個人看了報上的廣告，就來應徵。可是他來得晚了一點兒，這個位置已經有人了，他很失望。

那個動物園的主管看他很難過，就把他叫到旁邊說：「我們這裏還有一個空座，可是你得穿上猴子皮，蹲在籠子裏，裝做猴子，你願意做麼？」他急著找事，沒有辦法，就答應了。

有一天，他表演猴子爬高給觀衆看，一個不小心，他掉到底下的獅子籠裏去了，他爬起來一看，前面是一隻極兇猛的獅子，他嚇得大聲喊：「救命啦，救命啦！」

這時候，獅子說：「你別嚷！你再嚷，咱們拿的飯碗都打破了。」

三、開源節流

從前有個人很窮，有一天，他遇見一個有錢的闊人，他對闊人說：「請你教給我一個發財的秘訣，好不好？」闊人說：「可以，不過你得替我挑三天水。」他很高興的說：「別說挑三天，就是挑三年都可以。」於是，闊人就交給了他一個扁擔，兩個水桶，並且告訴他一定要把水倒在一個水缸裏。他挑了一挑子水，往那個缸裏一倒；水很快的就都滲在地裏去了。原來那個水缸是沒有底的。他一連挑了三天的水，始終也沒把那個水缸倒滿。

後來，闊人就又換了一個有底的水缸，兩個破水桶，叫他再挑三天，他一邊挑著，水就一邊從水桶裏往外漏，等他往水缸裏倒的時候，水桶裏的水早已經沒多少了，雖然水桶是破的，漏水；但是水缸總是好的，還不到三天，他就已經把那個水缸倒滿了。闊人笑了笑說：「記住，發財的秘訣，就是不浪費，一點一滴的攢下來的。」

四、災情慘重

從前有一個中年人，他的頭髮有一半已經白了。他娶了兩個太太，一個是年紀輕的，一個是年紀大的，年紀輕的太太，希望丈夫跟自己一樣年輕，她替丈夫梳頭髮，就把白頭髮拔掉。可是，年紀大的太太，正好相反，她希望丈夫跟自己一樣老，她替丈夫梳頭髮的時候，把黑頭髮拔掉。

過了不久，丈夫的頭上，連一根頭髮也沒有了。

五、不准游泳

去年夏天，天氣很熱，王小姐一家人，都上山避暑。有一天，大家都睡午覺了；王小姐睡不著覺，一個人出去玩兒，她穿過一片樹林，看見前面有一個大水池子。那水池子裏的水，又清又涼，誰見了都想下去洗個澡，可有一樣，池子邊兒上，立著一塊：「此處不准游泳」的大牌子。

她在那兒呆了半天，沒看到有人來；她又四面看看，確實連一個人影兒都沒有。她這才放了心，就脫光了衣服、鞋襪，準備下水去游。她的一隻腳剛剛下到水裏，忽然從大樹背後，鑽出一個男人來，對她說：「小姐，這兒是不准游泳的。」這一下子，王小姐可氣極了，就責備那個人說：「你爲甚麼不在我脫衣服以前，早點兒告訴我呢？」那個人回答說：「這兒只是不准人游泳，並沒有禁止人脫衣服哇！」

——原載六十三年四月十六日中央日報副刊

第四輯　十二生肖

為鼠祈福

今年歲次甲子，是個鼠年。大年初一，我「立志」說：「生不用封萬戶侯，但願畢力作文丑。」內子罵我沒出息，我說：「自娛娛人，有何不好？」她也就沒得話說了。不過；有一點必須表明的，我所謂文丑，不是作秀(Show)，而是寫趣譚。

今年我寫的第一則趣譚是「爲鼠祈福」，全文如下：

新年放假三天，接連三天都是下雨，那兒也不想去。怎奈內子是虔誠的佛教徒，大年初三，要我陪她到九份金山寺拜拜，祇得勉強答應。

話說內子正在拈香禮佛，念念有詞之際，我突然心血來潮，口占一絕，她聽見了，頗爲不悅。回到家來，把我「訓」了一頓。茲誌拙「詩」於後：

一元復始，
躬逢甲子，
老鼠過街，
大難不死。

——原載七十三年八月成功之路月刊

子年談鼠

民國八十五年，歲次丙子，是個鼠年。筆者想起幾件鼠事，特簡述於后，提供讀者諸君，作爲春節談助之資。

一、山林共遨遊

據唐朝李延壽撰南史隱逸傳記載：會稽（今江蘇省東南部及浙江省東部南部皆其地。）有一位姓蔡的先生，性情洒脫，不慕名利，隱居鍾山，（在今南京市中山門外，山勢險峻；有紫金山、聖遊山、北山、金陵山、蔣山等名稱。）因其家境富有，衣食充足，養了一大批寵物——數千頭老鼠，日久情深，與老鼠結爲朋友，居常呼來即來，呼去即去，悠遊於深山之中，過著神仙似的生活。允爲千古一奇人。附打油詩爲證，詩曰：

南朝有隱士，養鼠數千頭；
呼來或喚去，山林共遨遊。

二、鼠救婦重生

相傳許久以前，在姑蘇（以其地在姑蘇山得名，即今江蘇省吳縣。）南門外，有一位中年婦人，經營雜貨店維生。某年冬天，因周轉失靈，積欠客商貨款，催討甚急，後來竟致告官追索。老板娘迫於無奈，一時想不開，閉門上吊自殺。鄰居從早到晚見不到人，感到奇怪，乃破門而入，在昏暗的房間內，但聞許多老鼠的叫噪之聲。及至點燈一看，赫然發現老板娘仆臥在地上，經過急救，才醒轉過來。檢視老板娘身旁一堆斷裂的繩子，才知道是被老鼠咬斷的。

老板娘家中所以有這麼多大老鼠，是因爲她家沒有養貓，又常用米穀餵食老鼠的緣故。想不到老鼠也知道感恩圖報，允稱古今奇事了。附打油詩爲證，詩曰：

人鼠不相同，共享穀粱豐；
人逼婦自縊，鼠救婦重生。

三、老鼠的世紀

民國八十四年十二月十四日，台視晚間新聞報導：英國有一名小學生，養了一隻小寵物老鼠，疼愛非常。某天，帶著小老鼠去學校，上公車的時候，司機喝令說：「老鼠也要打票！」這名小學生到學校後，將情形告訴老師，老師據以向公車抗議。該公司自知理虧，除司機道歉外，並允諾老鼠免費乘車。

鼠年前夕，人類爲老鼠爭取行的權利，對老鼠來說，是個好兆頭。我想，今後將有更多的人，爲牠們爭取權益。看來老鼠的世紀，已經到來了。附打油詩爲證，詩曰：

英國小朋友，爲鼠爭權利；
自茲百年內，老鼠的世紀。

——原載八十五年二月廿五日台灣新生報新生副刊

牛年趣譚

一、初生之犢

在一個旭日初升的早晨，我沿著基隆河漫步。有一頭小牛衝著我跑過來，氣喘噓噓，滿身大汗。

我問：「牛小弟，你那兒去呀？」

小牛說：「找倉頡去！」

「找他幹嘛？」

「聽我媽說，『牛』字只有一隻角，不符事實，應該改成『半』字才對。」

「你讀過『小學』沒有？」

「沒有。」

「發現甚麼有力的證據嗎？」

「也沒有。」

我忍俊不禁地問：「那你憑甚麼要求倉頡更改呢？」

小牛神氣十足地說：「憑我是初生之犢呀！」

二、先生是牛

明朝的翟永齡，學生時代喜歡翹課。有一次隔了好幾天才到學校去，老師很生氣，罰他寫作文一篇，以示懲戒。

作文題目是：「牛何之」。他一揮而就。文章的結尾是這樣寫的：「按『何之』二字，兩見於孟子。一日『先生將何之？』一日：『牛何之？』然則先生也，牛也，二而一，一而二者也。」

看過這篇文章的人，沒有不笑的。

三、還是中文好

當夕陽西下，晚霞滿天的黃昏，我信步來到這綠樹環繞的農村，又遇見那隻熟面孔的水牛，正悠閒地躺在水塘裏。

水牛說：「你教我英文好嗎？」

我問：「你怎麼突然想到要學英文呢？」

「因爲我想留學，而英文是第一世界語文，比較方便。願意教我嗎？」

「教是不敢當，彼此研究研究吧！」

「好，那就請你告訴我，牛字怎麼讀？」

「Cow。」

「你怎麼罵我呢？」

「沒有啊！」

「你不是罵我『狗』嗎？」（Cow聽來像台語的「狗」字音。）

「啊，你誤會了。」

「算了，算了。英文莫名奇妙，我不要留學了，也不想學英文了。中文名正言順，還是中文好。」

四、對「牛」彈琴

清朝的紀曉嵐，善詼諧。有一次，他的中表兄弟牛稔文，爲子娶婦。他親自撰寫了一副對聯，差人送去。聯曰：

繡閣團圓同望月，

香閨靜好正彈琴。

起初，大家並未查覺其中的奧妙。等到紀曉嵐來賀，指著那副對聯說：「我用尊府的典故，如何？」弄得天津太守牛稔文啼笑皆非，原來這副對聯含有對「牛」彈琴的意思啊。

五、牛，牛，牛

某天夜晚，牛伯伯和牛小弟、牛小妹留在家裏看家。父女們閒著沒事，在客廳天南地北的聊開了，最後，牛小妹問到一則成語故事。

牛小妹：「爸，甚麼叫『牛鼎烹雞』呀？」

牛伯伯：「牛……」

正在做功課的牛小弟插嘴說：「簡單，就是在除夕的晚上，必須用牛鼎燉雞吃，來年才會吃到更多更好的東西。」

牛伯伯：「牛……」

牛小弟：「爸，我講了算數，您不必再多費喉舌了。」

牛伯伯：「牛……」

門鈴響了，牛小妹跑去開門。但見牛媽媽和牛兄、牛姐嘻嘻哈哈有說有笑地回來了。看樣子，牛伯伯當晚很難得到解釋「牛鼎烹雞」的機會。

——原載七十四年一月路工月刊

迎春接福（獨幕劇）

時間：甲子年除夕前數日某夜。

地點：某雜誌社編輯室。

人物：社長：梁女士，五十開外，著傳統服裝，戴眼鏡。

主編：王先生，三十餘歲，著時裝。

助編：陳小姐，二十歲，著洋裝。

啓幕：編輯台上堆滿了各方寄來的應徵文稿「水牛的春天」。陳小姐、王先生進入室內，後者將門關好。

陳：王先生，您看，桌上堆滿了應徵的稿件。

王：陳小姐，坐下來，讓我們爲讀者選幾篇上好的文章。

陳：好！

二人相對坐下，靜靜地看稿。稍停片刻，聞敲門聲，二人同時起立。社長微笑著走進來，隨手將門帶上。

梁：歲暮天寒，二位還在忙著看稿，辛苦啦！

王、陳：那裏，那裏，社長辛苦了，這麼晚還沒回家休息呀？

梁：……………

牆壁上的掛鐘噹噹噹地連敲十二響，（開始放國樂，直至落幕。）牆上的日曆也自動地迅速翻到乙丑年的大年初一。編輯台上的文稿，瞬間變成了許多金牛，行拱手禮，念定場詩：

一年起頭，
欣逢乙丑，
吾儕牛輩，
恭賀大有！

三人先是驚愕，繼則拱手還禮，連稱恭禧。三人橫列在舞台的正中央。牛群下地，排立在三人的後面。後台擂鼓三通，全體起舞歡唱：

恭喜那相鼠的人呀，
福祿雙至，四季稱心。
恭喜那相牛的人呀，
實踐仁德，常保太平。
恭喜那相虎的人呀，
防微杜漸，百害離身。

恭喜那相兔的人呀，
內外清吉，四時平靜。
恭喜那相龍的人呀，
有喜無憂，終年吉慶。
恭喜那相蛇的人呀，
攝生有道，無災無病。
恭喜那相馬的人呀，
救急濟危，榮膺好人。
恭喜那相羊的人呀，
安份守己，神爽氣清。
恭喜那相猴的人呀，
功成名就，雙喜臨門。
恭喜那相雞的人呀，
身體舒泰，福集祿增。
恭喜那相狗的人呀，
心平氣和，忍讓爲本。
恭喜那相豬的人呀，

精神愉快，福壽康寧。

最後，在鞭炮聲和人們互道「恭喜」聲中落幕。

——原載七十四年二月成功之路月刊

丑年談牛

·之一 老牛伏墓

距今二百七十餘年前，約在清雍正初年，李家窪佃農董某，父死，留下一頭牛，老且跛，準備賣給屠宰場。牛走到老主人墓前，臥倒在地，牽拉鞭打，都不起來，只是搖尾長鳴。村人絡繹於途，前來圍觀。

鄰居劉老先生，用拐杖打牛背說：「從前董某的父親掉入河中，讓他隨波漂流，葬身魚腹，豈不很好！你把他救上岸來，多活十餘年，要董某奉養，生病要花醫藥費，死了要買棺木收殮，並且留下這座墳墓，每年都要祭掃，使董家子孫受累。你眞是犯下了天條大罪！」

董某的父親，生前曾不愼掉落深水中，牛隨即躍入，董父抓住牛尾獲救。董某不知有此事，聽了慚愧萬分，自我掌嘴說：「我眞不是人！」急急忙忙將牛牽回家去，從此不談賣牛的事。（詳見閱微草堂筆記）

·之二　黃牛禦虎

距今一百二十七年前，時當清同治庚午歲，湖北省咸寧縣（在武昌之南，始置於宋。）鄉間，老虎爲患，常有人慘遭不幸。

某天，有一名盛姓小孩，在郊外放牛，突然遇上老虎，小孩嚇得從牛背上摔下地來。黃牛用身體庇護著他，以雙角觸虎，反被老虎咬成重傷，此時有他牛跑來相助，老虎才悻悻然離去。盛姓小孩倖免於難。黃牛卻因重傷而亡了。

盛姓長老集會，都認爲這是一隻義牛，集資買棺收殮，挖地埋葬。並爲牠作佛事，要小孩披蔴戴孝，好像死了親長一樣，管小孩叫「牛孝子」。（詳見俞曲園筆記）

·之三　牯牛護主

在安徽省鳳陽縣（該縣係安徽省北部重鎮，城北有皇覺寺，乃明太祖微時修行處。）有位農民，跟一條大牯牛（閹割生殖器的公牛）相依爲命。

有一天，農民在山腳下耕田，突然從山林中竄出一條白額大老虎。農民驚懼非常，此時，但見牯牛迅速轉身，護住主人，繼而使出渾身力量，向老虎猛衝過去，纏鬥數回合，老虎力有未逮，最後被牯牛觸斃。

村裏有個土財主，爲了奪取虎皮，農民不肯，竟將農民活活打死。牯牛跪在主人的屍體

邊，嗚咽流淚，終至氣絕身亡。（詳見新編護生畫選集）

·之四 水牛求生

兩年前，有一牛主由大陸載運一批牛隻到香港販賣。經過香港漁農處檢驗合格後，發給許可屠宰證明，送往九龍長沙灣屠場待宰。

其中有一頭五百多公斤重的大水牛，長得非常肥壯。當屠夫準備宰殺時，牠似意識到大難臨頭，兩眼淚如泉湧，兩隻前蹄跪地求饒。屠夫見狀，十分驚奇，持刀的手軟了，只好暫時不殺牠。

一週之內，三易屠夫，當牠面對屠刀時，總是淚如雨下，跪地求饒，誰都不忍下手宰殺，都認為此牛具有靈性。

事聞於牛主，也持相同看法，認為此牛具有靈性，不應宰殺，決定放生。牛主商請當地慈雲觀願意收留此牛，復報知漁農處及防止虐畜會同意後，這頭水牛終於逃過大難，刻在慈雲觀安享晚年。（詳見新編護生畫選集）

——一九九七年二月八日寫於台灣省中和市素雲樓

義虎圖

·之一

據江南餘載一書說，在今四川省巴縣西部，有一名婦人，某天在野外採拾，忽然被一隻老虎所撲取。婦人被這突來的襲擊嚇呆了。

老虎怕她跑走，一屁股坐在她的身上。這名婦人抬頭大叫：「救命啦，救命啦！」老虎將她放開，舉起前面的左腳，婦人看見老虎的腳掌上有一根骨刺，用力地替牠拔掉。老虎感謝拔刺，也就放過這名婦人而遠去了。

·之二

明史孝義傳記載，洪武年間，（公元一三六八年——一三九八年。）有一位私塾老師包實夫，到幾十里外的學館教書，在路上遇見一隻老虎，將他啣入林中，放在地上，老虎蹲在他的面前，眈眈逼視，準備要吃他。

實夫跪拜說：「我將被你呑食，這或許是命中註定，死不足惜。可是我死之後，父母將無人奉養，爲之奈何？」

說也奇怪，老虎聽完他的話，竟然跑走了。後人因將這個地方命名「拜虎岡」，以資紀念。

·之三

談薈載，晉朝（公元二六五年——四一八年。）有位郭文先生，晦跡山林，潛心修持。一次，遇見一隻老虎張著口，走到他的面前來。郭先生看見老虎的喉中，卡著一根骨頭，就把手伸到老虎的口中，很費了一些勁兒，才將它拔出來。

從此以後，這隻老虎就經常馴服地追隨左右。郭先生外出時，策杖前行，這隻老虎則背著書籍，跟在後面走。

·之四

晉干寶撰搜神記謂，在廬陵地方，（今江西省境。）有一位婦人蘇易，以接生爲業。在一個月明星稀的晚上，突然被一隻老虎所攫走。走了大約六七里路，來到一個很開闊的曠野，才將她放下。蘇婦看見一隻母虎，很痛苦的趴在地上待產。蘇婦探手到牠的下體，把虎子拉拔出來。

事畢，那隻公虎就背負著蘇婦回家。

嗣後，公虎曾再三送野肉到她家裏來。

·之五

左沖之述異記云，唐德宗貞元十四年，（公元七九八年。）申州（在今河南省境。）多虎，常在光天化日之下，三五成群地結隊吃人。州牧王徵令所屬大修擒虎工具。有老卒丁某，善爲陷穽。

某日，一虎墜穽中。丁某剛喝了一些酒，有幾分醉意，來到穽邊俯視，也墜落穽中。老虎瞪著老丁看，老丁慢條斯理地對牠說：

「如果你帶領群虎走得遠遠的，我就不殺你。」

老虎頻頻點頭。衆人將繩子拋入穽中，把老丁拉上來。隨即塡土於陷穽。老虎縱身跳出，長嘯一聲，像飛一般地跑走了。

自是：群虎屛跡，山野晏然。

——原載七十五年二月一日暢流半月刊

兔年小品

一

字在許愼說文中的解釋是：「獸名，象踞，後其尾。」段玉裁註：「其字象兔之蹲，後露其尾之形也。」一點都沒錯兒，可眞像一隻兔子蹲著哩。試觀英文的Rabbit和日文的うさぎ，卻看不出一絲兔子的形象，由此可見我國文字的優美。無怪乎美國歷史學家杜蘭（Will Durant）及許多西方學者，都讚揚我國的書寫系統，是一種高度智慧的成就了。

二

我國四個字的成語中，兔字排列在第一位的有「兔」角龜毛、「兔」起鶻落、「兔」死狐悲、「兔」死狗烹、「兔」絲燕麥、「兔」起烏沉等；排列在第二位的有見「兔」顧犬、狡「兔」三窟、玉「兔」東升等；排列在第三位的有狐死「兔」泣、烏飛「兔」走等；排列在第四位的有守株待「兔」等。其他與兔字相關的詞語尚多，不勝枚舉，茲不備述。

假設某生的IQ為一〇〇，教育程度是國中畢業。上列成語，他能看懂多少，並不重要；重要的是，該生是否具備旺盛的求知慾，如果答案是肯定的，則終必有完全弄懂的一天。

三

俗謂：兔死狐悲，物傷其類。兔與狐固同為哺乳類，但兔與狐皆不自知其為同類也。何致兔死而狐悲呢？筆者百思不得其解，人亦為哺乳類，除了釋迦牟尼、耶穌等慈悲家外，平凡如筆者，兔死我固悲之，狐死我則雅不願擠出一滴眼淚。何以故？因為兔子是溫馴善良，惹人憐愛的小動物，而狐卻是生性狡猾，專門喜歡害人的妖精啊。

四

五代史劉岳傳，載有景城人馮道的一段糗事：馮道出身農家，朝廷官員常笑其鄙陋。一天上朝，馮道走在前面；任贊和劉岳走在後面。馮道幾次回頭向後看，任贊問劉岳：「他幹嘛？」劉說：「遺失了兔園冊。」馮道聽了大怒。

國人處事多嚴肅，往往造成許多火爆的場面。如果我是馮某，我則說：「想必是老兄撿去了吧，不然；您怎麼知道我遺失了兔園冊呢？」或可化解火爆的場面，亦未可知。

兔園冊（冊亦作策）是一本甚麼樣的書呢？據宋晁公武著郡齋讀書志云：兔園冊十卷，為唐虞世南所撰（一說三十卷，為唐杜嗣先所撰），內容則編纂古今事共四十八門而成。五代時，鄉村塾師用以教授農夫、牧童的書，後用以喻膚淺的類書。所以有「遺失了兔園冊」的譏誚話。

五

先賢惟光，用擬人法寫了一首五言古詩，爲兔寶寶請命。全詩如下：

我是小白兔，寄居在人群。身上有長毛，質比羊毛精。年年被人剪，日日產量增。
織成線衫褲，衣被及群生。奪我身上暖，我絕不怨人。但願屠刀鋒，免得試我身。

獵人啊獵人，小白兔多麼善良，多麼可愛，請停止射殺牠們吧！

六

記得小時候，曾經讀過一篇「龜兔賽跑」的故事。大意說：有一隻烏龜和一隻兔子賽跑，兔子自恃其動作敏捷，不把烏龜放在眼裡。當牠跑到中途的時候，卻停下來睡覺。烏龜將達終點時，牠才醒過來，要追趕已經來不及了。結果烏龜贏得這場比賽的勝利。

這則寓言，至少給了我們三點教訓：第一、我們做任何事情，都不可以存有輕敵的觀念；第二、工作的時候工作，休息的時候休息；第三、工作時，一鼓作氣，絕不懈怠。值此兔年伊始，願與讀者諸君共勉之。

——原載七十六年一月卅日中華日報副刊

兔年三夢

·第一夢

有一位兩鬢斑白的中年人，走入一座深山中。看見一位比他年齡稍小的讀書人，躲在一株榕樹後面，紋風不動，有如一尊石像。他好奇地走到讀書人的面前，問道：

「這位仁兄，一個人坐在深山野外幹嘛？」

「我在這裡等待兔子呀！」

「荒唐。」他低語著。

「古時候宋國不是有一位農夫如此做過嗎？」

「當然，可是……」

「可是甚麼？」

「可是你是讀書人，應該不會做這種傻事。」

「孔子云：『知其不可爲而爲之。』其此之謂歟？」

「飾辭！」他斥責著。心想：讀書人存有不勞而獲、坐享其成的心態，實在要不得。

·第二夢

他漫步向前，來到一片大草原，看見一隻兔子躺在地上，兔子身邊坐著一隻銀色的狐狸，正一把眼淚、一把鼻涕的嚎啕大哭。

「發生了甚麼事嗎？」

「兔子先生得癌症過世了。」

「是妳的丈夫？」

「不是。」

「是妳的朋友？」

「也不是。」

「既不是丈夫，也不是朋友，何哭之哀也？」

「因爲……因爲……」

「因爲妳吃不到鮮活的兔肉了，是不是？」

「是！」狐狸露出猙獰的面目，反唇相譏：「可是比起人類的『孝子團』，爲了幾個臭錢，不惜把別人的父母，當做自己的父母，大聲哭喊如何？」

他怔住了，身不由己地打了一個寒戰。想起莎翁(William Shakespeare, 1564-1616)的名句：「這是一個問題！」(This is a question!)

·第三夢

不知不覺間，來到一處峭壁懸崖。他抬頭仰望，看見崖頂一株彎曲有緻的矮松上，停著一隻鶺鳥，樹下蹲著一隻白兔。牠們正在聊天：

「鶺妹，說起來好笑，人類認爲我們的動作迅速，特地創造了一個『兔起鶺落』的成語，其實我們也有難唸的經。」

「兔兄的意思是……」

「我是爲了遠離噪音和污染，才學得這套飛毛腿的本事。」

「彼此彼此，我也是爲了這個原因，才練成沖天功的呀。」

「我眞搞不懂人類，一方面呼籲保護自然生態，維護環境整潔，一方面卻又濫墾濫建，亂倒垃圾，弄得災禍處處，臭氣熏天。」

「現在連河川污染也很嚴重，小妹覓食都成問題。」

「看來我們的生存空間，是愈來愈……」

他無意間打了一個噴嚏，原本停在松樹上的鶺鳥，突然展翅飛去，兔子也跟著跑不見了。心想：老夫與人爭席罷，鶺兔何事復相疑？不過；話又得說回來啦，世間到處是陷阱，難怪牠們要聞聲逃避了。

——原載七十六年一月十六日暢流半月刊

龍年訪問記

·之一

受訪者：老子。

地　點：楚苦縣（苦音戶，故城在今河南省鹿邑縣東。）厲鄉曲仁里李宅。

時　間：戊辰年正月初一，上午七時半。

內　容：談龍。

老子與記者私交甚篤，前此曾數度採訪及私人拜謁。龍年新正，記者再度前往，老子著禮服迎於正廳。相見行拱手禮，互道「恭禧」！

記：「有幾個問題想請伯老指教。大年初一，就來打擾，實在不好意思。」

李：「甭客氣，坐。」

（二人同時坐下，老子請記者用糖果，命丫鬟裝煙倒茶。）

記：「首先請教伯老的是：世界上到底有沒有龍？」

李：「傳說是有的，可惜文獻不足，而個人也從未見過。」

記：「傳說中的龍，是個甚麼樣子呢？」

李：「概略言之，龍似蛇而大，有鱗有鬚，五爪。能興雲作雨。」

記：「龍的生活狀況爲何？」

李：「龍是鱗蟲之長，能幽能明，能細能巨，能短能長。春分而登天，秋分而潛淵。允爲四靈之一。」

記：「請問另外三靈是……」

李：「麒麟、鳳凰和烏龜。」

記：「龍亦有種類嗎？」

李：「有的，據古籍記載：有鱗甲的叫蛟龍，有翅膀的叫應龍，有頭角的叫虬龍，無頭角的叫螭龍，未升天的叫蟠龍。」

記：「敢問已升天的又叫甚麼龍呢？」

李：（打哈哈）「問得好，問得好！」（稍加思索）「就管牠叫『天龍』吧。」

記：「龍的名字，有來歷嗎？」

李：「龍耳虧聰，故謂之龍。」

記：「孔子嘗適周向伯老問禮。事後曾感動地說：『鳥，吾知其能飛，魚，吾知其能游，獸，吾知其能走。走者可以爲罔，游者可以爲綸，飛者可以爲矰，至於龍，吾不能知其乘風雲而上天，吾今日見老子，其猶龍耶！』請伯老就孔子的這番話，發表一點意見，好嗎？」

李：（搖頭兼擺手）「溢美之譽，愧不敢當。」

·之二

受訪者：桓焉。

地點：太尉官邸。

時間：戊辰年正月初八日，下午二時。

內容：談選婿。

先是，記者依約定時間，前往太尉官邸叩門，經司閽延入，由太尉親自陪同記者至庫房，試乘名聞遐邇的擇婿龍。（那是一條用純銅打造鑲有兩顆紅寶石眼珠的金屬龍，原理及結構略同於今日之雲霄飛車。活動上限約兩層樓高。）記者沿木梯爬到一層樓高的龍背上，剛剛坐定，太尉撥動機關，龍即抖動起來。未及五秒鐘，記者因失去重心，四腳朝天，墜落在安全網中。太尉見了，不禁哈哈大笑。記者從安全網上跳下來，將衣服整理好，即隨太尉進入客廳就座。

記：「請問太尉，擇婿龍的靈感是怎樣來的？」

桓：「師承武鄉侯木牛流馬之創意，整整花了我三天時間，才設計出來的。當交由天佑公司打造時，該公司的董事長看了設計圖，還大大地讚美一番哩！」

記：「請問選婿的規定爲何？」

桓：「簡單之至，應徵者坐上龍背後，隨即撥動機關，龍則由靜而動，由慢而快，由低而高，由近而遠，由正飛而斜躍，由斜躍而滾翻，三分鐘不掉下來者爲當選。」

記：「第一次有多少人應徵？」

桓：「有一百零一人，其中一百人落選，支持到最後而不墜者，惟大女婿司徒黃尙一人而已。」

記：「中選如此困難，第二次應徵的，想必少多了。」

桓：「正好相反，應徵者多達一百一十八人，結果是獵雁名家李元禮當選二女婿。」

記：「請太尉概述一下當年擇婿的盛況，好嗎？」

桓：「好！回想當年擇婿的盛況，就教人開心。兩次擇婿活動，均由我和夫人親自擔任評審。我倆坐在評審台上，但見應徵者或數秒鐘，或半分鐘，或一分多鐘，即由龍背上掉下來，有的四腳朝天，有的雙手落地，也有翻著觔斗掉下來的，千姿百態，不一而足。把我和夫人的眼淚都笑出來了。」

記：「在兩次選婿活動中，印象最深刻的事情是甚麼？」

桓：「在第一次的應徵者中，有一個長得很俊的白面書生，趴在龍背上，不到五秒鐘就掉下來了，非常可惜。在第二次應徵者中，有一名滿臉粗鬍子，橫眉豎目的傢伙，在龍背上足足待了兩分五十六秒的時間，把我和夫人給急壞了。」頓了一下「最後總算掉下來了。在擇婿活動中，只有這兩次，我們沒有笑聲。不過；我和夫人親自選擇了兩位乘龍快婿，頗爲我們的兩個女兒高興。」

記：「難怪遠近的人都說太尉的兩位千金俱乘龍了。杜甫詩云：『門闌多喜事，女婿近乘龍。』想必就是韻的此事吧？」

桓：「可不是嗎？」太尉哈哈地大笑起來。

記：「這條龍是專門作選擇女婿之用嗎？」

桓：「是的。」

記：「請問這條龍的造價是多少？」

桓：「這條龍整整花了我一百四十一兩黃金。」

記：「不知道現在還有人訂購否？」

桓（得意地）：「據我所知，截至目前爲止，尚無一人訂購哩。」

·之三

受訪者：陽明先生。

地點：貴州龍場（今修文縣）龍岡書院。

時間：戊辰年正月十六日，下午一時十六分。

內容：談謫居生活。

上午八時正，記者頭戴箬笠，身披蓑衣，騎上一口川馬。從貴陽出發，在寒風細雨中，朝西北方向前進。整整走了一個上午的時間，才抵達龍場驛站。陽明先生堅請午餐，附近沒有飯館，而記者饑腸轆轆，祇好答應。餐後，陽明先生領著記者參觀他的何陋軒、君子亭及龍岡書院等處所，實際上，祇是在竹籬笆院子裡的幾間茅草房子而已。

記：「這一路之上，高山峻嶺，荊棘叢生，誠如先生所言：『連峰際天，飛鳥不通。』啊！」

王：「此點最能證明事非經過不知情！」頓了一下「記者先生在途中遭遇到甚麼特殊情況沒有？」

記：「先生不問，我還不好意思說哩。走到半路，遇上一隻吊眼白額的老虎，嚇得我一身冷汗，差點從馬背上摔下來。幸好牠大搖大擺地走開了，沒事。」

王：「沒事就好，沒事就好。」

記：「先生剛來時，想必很苦。」

王：「剛來的時候，土著鴂舌難道，無可與語。所居盡皆高不及肩的茅舍，室內潮濕不堪。而我們呢？因公廨年久失修，不蔽風雨，只好暫時住在山洞裏，營炊就巖竇，放榻依石壘。當時糧食也成問題，我亦曾偕從者往西山下採薇充飢。」

記：「後來呢？」

王：「後來靠自己解決了吃、住問題，同時開始教土著認字、讀書。教他們架木開棘以居，但是跟從我來的人，卻因心情惡劣，生活困苦，瘴氣和蟲蟲的侵害，相次病倒了。我只好自己折薪取水，作糜爲飼，來服侍他們；爲他們唱歌取樂，復吟家鄉越曲，雜以詼諧。總算是一個個地痊癒了。」

記：「眞是苦了先生。聽說去年夏天，尙有更難堪的事情困擾先生。」

王：「去年夏天某日，思州太守派人到龍場驛站來，差人挾勢侮我，諸土著抱不平，群起毆打。太守聞之大怒，言諸毛憲副，毛遣人喻我以禍福，令往請謝，我不爲所動，據理函復，結果不了了之。」

記：「先生威武不屈的精神，令人敬佩！啊，對了，去年春天，先生以不滿三十七歲的英年，在哲學方面有所創發，敢問其詳。」

王：「這僅是我思想的萌芽，實在不足掛齒。今既承下問，我就概述一下經過好了：平時我喜歡思索問題，可能是日有所思，夜有所夢吧，有一天晚上，我從睡夢中呼躍而起，跟從我來的人，皆從夢中驚醒。記得當時有一名從者，還說我發神經病哩！那晚我和阿基米得（Archimedes, 287–212 B.C.）一樣高興，因爲我澈底領悟了格致之旨，而有了『心即理』之說。」

記：「何謂心即理？」

王：「心之本體即是性，性即是理。也可以說心之本體，即是天理，我曾撰寫了兩句口訣：『人人自有定盤針，萬化根源總在心。』供記者先生參考。」

記：「承蒙指教，謹記、謹記。先生目前的生活如何？」

王：「白天公務之餘，種菜蒔花，教幾名學生，晚上讀書、寫作，如此而已。」

記：「想家嗎？」

王：「人生非木石，別久寧無思。」（先生從桌上取詩付記者。）「這是我昨天寫的元夕詩，請指教！」

記：（唸詩）「『故園今夕是元宵，獨向蠻村坐寂寥；賴有遺經堪作伴，喜無車馬過相邀。春還草閣梅先動，月滿虛庭雪未消；堂上花燈諸弟集，重闈應念一身遙。』好詩，好詩！先生眞不愧是龍山公的公子，和龍岡書院的老師。」

王：「慚愧，慚愧！」

記：「打擾了，在天黑之前，我必須趕回貴陽。否極泰來，祝先生好運，再見！」

王：「一路平安，再見！」

·之四

受訪者：李小龍。

地　點：Stockholm。

時　間：戊辰年正月十三日，下午一時。

內　容：談電影。

記者與小龍訂交，凡十有五年。雖因山河阻隔及彼此忙碌等因素，見面的次數不多，但我們已是莫逆之交。記者於正月初十日，午夜一時打長途電話至美國，商談安排訪問時間及地點。承允於十三日，他陪太太赴歐洲度假的機會，下午一時在瑞典京城斯德哥爾摩見面。記者如約搭乘波音七四七噴射客機前往訪問。

記：「老弟，你可眞絕呀，定在十三日十三時，假哥特堡街十三號十三樓套房和我見面，這是有意的安排，還是巧合？」

李：（神秘地）「巧合，巧合。」

記：「我看未必吧！」

李：「就算是有意的安排，也沒甚麼不吉利呀，我們不是好好地坐在這兒聊天嗎？」

記：「好，算你會說。不過，我還是要說一聲抱歉，在賢伉儷至歐洲度假的日子，來打擾你們。」

（小龍把我的話，向李夫人譯述一遍。）

李夫人：「Well, no matter!」

（記者向李夫人微笑一鞠躬，繼續對小龍提出問題。）

記：「導演是電影的靈魂人物，你認爲作爲一位好導演，須具備那些條件？」

李：「一位好導演，必須主修過哲學，博覽群書，有豐富的人生經驗，在他所執導的影片中，首先要有內涵，並且表現創意與技巧。最重要的是應有自己的風格。」

記：「製片呢？」

李：「他必須是一位大事聰明，小事糊塗的人。」

記：「國內近年來鬧劇本荒，你的看法如何？」

李：「這根本不成問題，江山代有才人出，世界名著拍不完。」

記：「好了，老弟談談演員吧！」

李：「男演員要表現陽剛之美，女演員要表現陰柔之美。非有必要，如木蘭從軍者外，盡量避免反串，尤其是男扮女裝，陰陽怪氣，看了教人噁心。上了年紀的女演員，最好不要飾演少女，因爲觀衆無法接受。」

記：「你對電影事業持何觀點？」

李：「拍電影等於辦教育。每一個電影製片公司，就是一所大學，老闆是校長，導演是教授，演員是副教授或講師，燈光、佈景、道具等幕後工作人員是助教，公司有其自己的風格，以辦好第一流『大學』自我期許。」

記：「你對演藝人員的私生活，有無意見？」

李：「電影是一個『透明』的行業，演員或不太注意別人對他（她）們的看法，但是他（她）們的舉止言行，卻影響千千萬萬的人，所以生活言行，有賴自我約束。」

記：「非常遺憾，我只在S鎮瑞龍戲院看過你主演的『精武門』，實在棒極了，聽說『猛龍過江』更好，可惜我沒眼福。」

李：「過獎，過獎。」

記：「因爲你的緣故，現在全世界盛行功夫熱。而且美國漫畫家勞瑞（Lurie）還以你爲模特兒，畫了一幅代表現代中國人的漫畫哩，老弟，你可眞是龍的傳人啊！」

李：「那是因爲中國功夫，富有哲理，功力深厚，禁得起考驗的緣故。至於勞瑞以本人爲模特兒，是不恰當的。我相信在國內一定能夠找到適合的人選。」

記：「你對中國電影的發展及其前途，持何看法？」

李：「中國電影，在內憂外患中成長，其歷程是艱辛而痛苦的，大體說來，孔子的自述，是最好的詮釋：十有五而志於學，三十而立，四十而不惑，五十而知天命，六十而耳順，七十而從心所欲，不逾矩。七十年代的中國電影，姑無論是電影的拍攝技巧，或演員個人的演技，都已臻純熟，其前途充滿光明與希望。」

（以下是記者用英語訪問李夫人的談話，從略。）

記：「啊，對了，有一個問題，老是忘了問你，爲甚麼你取名小龍呢？」

李：「電影界有一位老前輩王元龍先生，敬老尊賢，我當然只有叫李小龍的份囉。」

（兩人打哈哈。）

記：「好啦，打擾了，再見！」

李：「再見！」

李夫人：「Farewell!」

記：「Farewell，再見！」

——原載七十七年二月十八日中華日報副刊

巳年談蛇

一、蛇護孱王

距今五百五十年前，某個冬天，強敵瓦剌入寇，明英宗御駕親征失利，身陷北營。敵酋也先在大雪紛飛的夜晚，派人行刺英宗。

當刺客正想進帳行刺時，忽見一條大蟒蛇，繞護帳外，嚇得魂飛魄散，儘快逃離現場而去。（詳見明通記）

二、蛇酬恩人

隋侯受命出使齊國，騎馬路過一處沙灘，看見一條小蛇，頭破血流，正在熱沙中掙扎。隋侯心生憐憫，躍身下馬，用鞭子撥入水中。

有一天夜晚，隋侯夢見一個鄉下小孩，手捧一顆珍珠，對他說：昔日承蒙救護，幸能保全性命，現在來報答您的恩典，請不要推辭。等到天亮了，發現自己的床頭，竟然眞的有一

顆珍珠。（詳見搜神記）

三、蛇鳴得金

遼太祖耶律阿保機的堂兄鐸骨扎，一晚於營帳內，聽見附近有蛇叫的聲音，隨即命令侍從找來懂蛇語的人解說。

那人道：蛇云營帳旁邊的洞穴藏有金子。鐸骨扎命士兵挖掘，果然發現一袋金子，取出後持往金店，令金匠打成一條帶子作紀念，名曰「龍錫金」，意思是蛇送的金子。（詳見遼史）

馬年趣譚

·馬師皇

據古今醫統記載：馬師皇是黃帝時代（西元前二六九八年——二五九八年）一位有名的獸醫。飛禽走獸的各種疑難雜症，經他治療，無不藥到病除，妙手回春。

馬大夫對於禽獸，愛護備至，要皆熱心照顧，細心診療，醫德醫術，堪稱一流。尤善醫馬，馬兒跌打損傷，皮破骨折，醫治起來，更是經驗老到，得心應手。因此聲震杏林，遠近馳名。

馬師皇嘗醫龍病，後來龍將馬大夫揹走了，從此不知去向。

·馬見愁

明人桑懌撰《瑯嬛記》（舊題元伊士珍撰）謂：西域（新疆省及其西方鄰近地域）有一種外形像狗的動物，名叫「馬見愁」。這種動物頗爲促狹，專好含水噴馬的眼睛，使馬眼昏亂不明，痛苦得要命。馬兒畏之如虎，是爲「馬見愁」命名的由來。

又該書謂：明宣宗時（西元一四二六年——一四三五年），有人曾將「馬見愁」的皮呈獻皇帝，帝賜給群臣編爲馬鞭。主人坐上馬背，鞭一揚馬兒即向前奔跑，謂之「不須鞭」。

按《瑯嬛記》一書，語皆荒誕，不足採信。讀者諸君，固不必爲馬兒擔憂也。

·搖馬郎

「搖馬郎」（又名游方，玩耍之意。）是流行於苗族某些地區的男女社交活動，多在節日和農閑時進行，一般在村寨附近設有固定的游方場或游方坡，限本寨年輕女子和外寨青年男子盛裝參加。

據民國馬關縣誌風俗誌記載：游方場（坡）一開，「衆苗女遙立場外作羞澀不前態，有苗男子以油塗於長繩，兩人拉其端圍之，故作欲污女衣之狀，諸苗女乃被迫入場，或三或五相聚而立，任憑苗男選擇。」

其選擇方法：倘若某男子看中某女子，便張傘將其罩住，主動唱求愛山歌，若女子也有情意，便以山歌對答。經過一段時間的交往，雙方若情投意合，男子即稟告父母求媒說親。今仍沿其俗。

·墮馬髻

在我國漢代，年輕婦女嘗流行一種相當藝術的髮型，名叫「墮馬髻」。唐代李賢後漢書注引風俗通曰：「墮馬髻，側在一邊。」即一種稍帶傾斜的髮髻。讀者諸君看完這幾句話，或不甚了了，因請舉例說明之：我國下嫁西德工程師的影星——張仲文的髮型，加以挽結，庶幾近之。

據說婦女梳「墮馬髻」，加上「愁眉」、「啼妝」等妝飾，能增添幾許嫵媚，惹人憐愛，蓋因好像剛從馬上摔下來之故也。

・上馬三杯酒

我國幅員遼闊，各地風俗習慣，允有差異。「上馬三杯酒」即爲土家族特有的待客禮俗之一。

宴會畢，客人們在門前向主人道別時，主人即敬酒三杯，謂之「上馬三杯酒」或「送門酒」。客人中之善飲者，自是飲盡三杯而別，不在話下。至於滴酒不沾的人，又該怎麼辦呢？按照習慣，用右手中指蘸(ㄓㄢˋ)三次酒，對空彈三下，表示已喝了酒，也是對主人的尊敬。

・侯馬蝴蝶杯

古時候，在我國山西侯馬地方，生產一種玲瓏可愛的酒器，名叫「侯馬蝴蝶杯」，乃利用光學原理所製成。造型爲腰細底寬的細瓷杯座，上放一隻反口金鐘形的玉色酒盅，杯口鑲金，光彩四射；酒杯外壁雕刻二龍戲珠，斑斕奪目；酒杯內壁亭亭花朵，紅綠相間。斟酒滿杯，則見一彩蝶起落於花叢中，酒盡則蝶逝。此杯在古代被視爲「千金之寶」。可惜製作技術已經失傳了。

十年前（西元一九七九年），侯馬市陶瓷廠從民間發現祖傳蝴蝶杯一樽，經過一番分析與研究後，已有仿製品應市。

——原載七十九年一月廿七日中華日報副刊

八駿圖

·引軍歸齊

韓非子說林載：齊國的管仲、隰朋隨桓公遠征孤竹。（古國名，當今河北省盧龍縣至熱河省朝陽縣一帶地。）大軍在溫暖的春天出發，苦戰近年，一直到寒冷的冬天才班師回朝。不但損兵折將，人事有異；而且葉落枝殘，景物全非。加之師困馬疲，以致在中途迷失道路，不知所之，官兵傻眼，計無從出。

正在這個困惑的當口，桓公問管仲，該如何區處，管仲回答說：「老馬之志可用也。」於是，放出一隻老馬，在大軍的前面帶路。「山窮水盡疑無路，柳暗花明又一村。」幾經跋涉，終於回到齊國的京城營丘（即今山東省臨淄縣。）。若非有老馬前導，齊國的官兵，麻煩可大了。

·奔馳救主

一千八百年前，正當東漢末年。獻帝尚不滿十歲，董卓獨攬大權，搜括財寶，恣意聲色，濫用刑罰，殘殺無辜。軍隊更是紀律廢弛，百姓飽受荼毒。關東各州乃起義師，共推渤海太守袁紹爲盟主，西指洛陽，討伐董卓。董卓徙獻帝於長安，並放火燒洛陽城，盡驅官民數百萬人西行，積屍盈路，極人間之慘酷。董卓本人則留屯洛陽畢圭苑中，以備禦東方。

長沙太守孫堅也誓師北伐，率軍至魯陽(今河南魯山縣)，與袁紹堂弟後將軍袁術會師，進襲卓軍。

據吳志孫堅傳記載：孫堅初討董卓失利，身受重傷墜馬，卜臥叢草中。軍衆分散，不知堅所在。堅所乘馬於戰陣中奔馳，已甚疲憊，復賈餘力，馳還營中，倒地呼鳴，既起，將士隨馬行，於草中得堅，儘快負還療傷，得免於難。

·垂轡拯險

宋朝劉敬叔撰異苑一書謂：某次，燕國慕容沖領軍進襲前秦苻堅。苻堅在沒有準備的情況下，跨馬應戰，慘遭敗北。馳馬逃生，不愼掉下馬鞍，墮入山谷深溝中。堅眼見追兵就快趕上來了，焦急萬分，計無由出。

堅所乘馬，徘徊在深溝的旁邊，似無所措，忽垂轡與堅，因爲水溝將近兩丈深，苻堅拉不到轡繩，馬靈機一動，跪在地上，伸長了頸子，使轡繩儘量下垂，堅勉強抓到，方得登岸，快步跨上馬鞍，向廬江郡（在今安徽省境）奔逃而去。由於此馬的靈活，堅才得免卻被俘虜的命運。

·催促出走

唐朝余知古撰渚宮舊事云：司馬休之在荊州任內，與宋公交惡，水火不容。一天，陰險狠毒的宋公終于使出絕招，派遣殺手往刺休之。休之坦蕩，不覺有異。

他的愛馬，忽然不飲不食，連續嘶鳴不已。休之感到奇怪，但見愛馬注目視鞍，休之試著將馬鞍架上，即不動。馬鞍套好後，休之回坐，馬又驚跳不止。

休之似有所悟，即起身上馬，甫坐定，愛馬急遽奔出院門，飛馳遠颺。不旋踵間，殺手掩至，休之因提前一步離去，逃過一劫。

·專心聽經

大乘起信論新釋中，談到一則馬的故事，大意如下：

有一隻靈性極高的馬，每當馬鳴菩薩講經時，一定傾耳諦聽，屢試不爽。

有一位老兄不相信，將此馬關入廄中，長達七天之久，既不讓馬喝水，也不把東西給馬吃。然後將馬放出，牽到馬鳴菩薩講經的地方，並在講壇旁邊放置馬吃的草料。

說也奇怪，此馬竟然專心聽講，不吃東西，一直等到馬鳴菩薩講完經，才開始咀嚼為牠準備的草料。

·欄輿告狀

宋朝洪邁撰夷堅志上說：浙西人劉承節，攜一子一僕，自贛州赴任，乘馬而東。下午到達信之貴溪，找了一家旅社投宿。小箱子裡面裝了近百兩銀子，不愼露白，被幾個商人模樣的客人窺見。夕陽西下時，這幾個客人也留宿該旅社。夜闌人靜，這幾名實際上是強盜的人，持著木棍進入劉的房間。劉出身行伍，體力強壯，揮舞著利刃，將其中一名強盜的手臂砍斷。盜衆抱頭鼠竄。

劉叫醒僕人，迅速跑到高崗下，與強盜不期而遇，發生械鬪。劉等雖奮力抵抗，終因寡不敵衆，劉氏父子及僕人，都慘死在亂棍之下。

劉的馬在路上徘徊，適逢主簿乘車出來，按察田賦，馬快步走到車子前面，四肢跪下，起來走開，又跑回跪下，往返達六七次之多。

主簿說：「一定是訴冤。」命幾名隨從跟著馬走，到達山崗斜坡下，馬站著不動。隨從人員見滿地血跡，於是循著血跡，在附近一個山洞裡找到三具還有些微溫的屍體。回報主簿，主簿立即督導鄰里長搜捕。不過半天工夫，強盜全部成擒，依法處死。

·耿耿忠心

陶朱新錄載：宋徽宗崇寧年間（西元一一〇二年至一一〇六年），有一位名叫董熙載的人，應友人之邀，騎馬前往一個偏僻的村落赴宴，喝醉了酒，仍堅持騎馬回家，中途落下馬來，倒臥在道路上，馬韁仍緊握在手中。

有一個小偷經過此處，見四野無人，乃盡取董某身上的財物，並且將董某的衣服也全部脫光，還想把這匹馬騎走，正低著頭拉取韁繩的時候，馬忽然用嘴巴將小偷的頭髮緊緊咬住不放。隨便小偷如何掙扎，也無法脫身。

等到董某酒醒了，將衣服取回穿上，全部失物都拿回來，馬仍緊咬著小偷的頭髮不放。在小偷的哀求，和主人的勸解下，牠才鬆口，放走了這名霉運當頭的小偷。

·不辱使命

據路透社報導：前年（一九八九）二月初旬，在美國瀕臨太平洋，風光綺麗的西海岸，以盛產金、銀、銅等礦聞名的加州(California)廣袤土地上，舉行了一次大規模的賽馬會。

騎師胡巴所騎乘的一匹馬，一路領先，出盡風頭。可惜在快要到達終點的時候，馬失前蹄，滑了一跤，騎師胡巴被摔出馬鞍。所幸他身手矯健，仍抱著馬頭衝到終點，榮獲第二名。

那次賽會，該馬中途摔跤，仍以頭負主，奮力跑完全程，雖屈居亞軍，也算不辱使命了。

——原載八十年一月廿二日至廿五日台灣新生報文化點線面

馬年漫談

一、老馬詩

一千四百多年前，陳·沈炯嘗撰五律老馬詩一首，寫老馬年輕時馳騁疆場，犧牲奮鬥的精神。簡明曉暢，清順可讀。茲誌全詩如後：

昔時從戎陣，流汗幾東西。
一日馳千里，三丈拔深泥。
渡水頻傷骨，翻霜屢損蹄。
勿言年齒暮，尋途尚不迷。

老馬年輕時，馳騁疆場，功在國家。如今雖然老了，一如壯士暮年，雄心未已。管子曰：「老馬之智可用也。」俗語云：「老馬識途。」是知牠們仍有用處，幸勿以「老賊」視之。

二、馬仙人

晉朝葛洪（西元二五〇年——三三〇年）的學生滕升，一天問老師，世界上到底有沒有仙人，葛洪爲了滿足學生的求知慾，旁徵博引，共搜隻了八十四位仙人的資料，撰寫成一部洋洋大觀，多達十卷的神仙傳。現在撰一則馬姓仙人的故事，簡述如後：

東漢臨淄（屬山東省）人馬鳴生（鳴亦作明，本姓和，字君賢。）年輕時，曾做過縣吏。有一次，追捕強盜，身受重傷。沒多久時間，就因公殉職了。所幸遇到一位神人，用藥把他救活了。於是，他就隨著神人週遊世界，過著快樂的日子。後來年老力衰，才在某年月日，於光天化日之下，冉冉升天了。

三、馬頭娘

和古希臘一樣，我國古代也有許多神話故事。蠶神馬頭娘，就是最好的例子。據明代郎瑛撰七修類稿說：「所謂馬頭娘，本荀子蠶賦：『身女好而頭馬首。』一語附會，俗稱馬明王。」馬頭娘也好，馬明王也好，知道是蠶神便得了。

原化傳拾遺記載：帝嚳高辛氏（西元前二四三六年——二四〇〇年）時代，蠶女的父親被鄰居綁架，不知去向。幸好他經常乘騎的一匹馬還在家裏，未被劫走。蠶女的母親很焦急，發誓說：有將其夫找回來的，願將女兒許配給他。

他家的馬，忽然跳躍起來，很快地跑出去。蠶女的父親騎著這匹馬回家了。可是從此不吃不喝，竟日嘶鳴。蠶女的父親問明原故，很憤怒的將馬射死了。並且把馬皮剝下來，晒在院子裏。

這天，蠶女從馬皮旁邊經過，馬皮急遽地豎立起來，將蠶女緊緊地包裹著飛走了。最後棲息在一顆桑樹上。女化爲蠶，吃桑葉吐絲成繭，供人類作衣服。

自此，寺廟之中塑造蠶女像奉祀，謂之馬頭娘。

四、十二馬

十二馬是我國雲南德宏一帶傣族的民俗遊藝活動。每逢舊曆新年，由身穿盛裝的男女青年各六人，頭戴草帽，左手握扇子，右手攜絹帕，腰間各繫一隻道具彩馬：男子腰間繫的彩馬多爲黑色或紅色，繫在腰部的左前方；女子腰間繫的彩馬多爲白色，黃色或綠色，繫在腰部的右前方。進行問答式的唱跳。

內容分爲三段：第一段表演男女相遇後的情懷；第二段表演一年中從事生產的過程；第三段則是臨別贈言。

此一民俗活動起源甚早，相傳在很久很久以前，有六個英俊的小伙子，結伴來到蠻里寨，尋求美麗的姑娘。姑娘們熱情接待，用竹篾、花紙紮成十二匹彩馬，繫在腰間，歌舞娛樂，取悅對方，充滿了原始的浪漫情調。相沿下來，成爲傣族春節期間，不可或缺的遊藝項目。

五、跨馬鞍

俗話說：「有錢沒錢，討個老婆好過年。」自西風東漸，我國結婚儀式多採西洋模式。近年來，青少年朋友，差不多不知道自己的傳統儀式了。觀今鑑古，也該瞭解一下老祖宗的結婚禮儀才是。

例如跨馬鞍，就是我國自唐代以降，一千三百餘年來，流行於漢族某些地區的結婚禮儀之一。新娘至男家下轎後，男方置馬鞍于住屋門檻上，讓新娘跨過，以示平安之意。

唐代封演撰封氏聞見記謂：「婚姻之禮，坐女於馬鞍之側，或謂此北人尚乘鞍馬之義，夫鞍者安也，欲其安穩同載者也。」宋代孟元老撰東京夢華錄「娶婦」記載：「一人捧鏡倒行，引新人跨鞍驀草及秤上過。」明人沈榜撰宛署雜記中，亦有類似的記載，略謂：「新婦及門，初出輿時，婿以馬鞍置地，令婦跨過其上，號曰平安。」綜上所述，即知此一繼承北方鮮卑族的風俗，淵遠流長，雖各代允有變遷，但小異而大同，其旨趣則一也。

六、走馬燈

飆輪擁騎駕炎精，
飛繞人間不夜城，
風鬣追星來有影；
霜蹄逐電去無聲。

以上是元代謝宗可詠走馬燈詩。走馬燈是我國的一種民族藝術品，創始於宋代，將近有一千年的歷史。其做法係以彩紙（後增彩綢、木片、玻璃、塑膠等材料）製成長方形或圓柱形的燈殼，再以紙片剪成各種人物或動植物圖像，附繫於燈殼上之紙輪，垂置殼內。中心燃燭，熱氣上升，引起空氣對流，促輪轉動，圖像隨之旋轉，影映於殼，迴環往來。舊時圖像以人馬居多，故名走馬燈。

宋代范成大上元紀吳中節物詩：「轉影騎縱橫。」自注曰：「馬騎燈。」就是俗稱的走馬燈。

筆者少年時代，嘗目睹過走馬燈，自電動玩具興起，已不復多見。「江山代有『玩具』出，各領風騷『十餘』年。」物換星移，走馬燈似已成歷史的陳跡了。

——原載七十九年二月一日暢流半月刊

獸中曾參——羊兒

一

漢董仲舒撰春秋繁露中有如下幾句話：「羔食於其母，必跪而受之，類知禮者。」在民德澆薄的今天，重讀斯文，不禁感慨系之。

在人類社會中，不孝順父母的事情，時有所聞，而其甚者，厥爲作姦犯科的罪犯，自己斷送了美好的前程不說（有的甚至走上不歸路），還貽父母之羞。好在社會上好人比壞人多，否則，好人將無生存的餘地了。

至於在動物世界裏，梟獍食親，根本不知道孝順爲何物。跪乳的羔羊，算得上是獸中的曾參了。

二

羊兒天性溫順純良，就好像人類「沉默的大多數」一樣，順天承命，頻受惡獸的欺凌和吞食。在所有的動物之中，獅子老虎被捉，猶自掙扎著怒吼，鳥兒遭到網羅射殺，還嘰嘰喳嗒地叫個不停，唯有羊兒被宰割時，卻連氣都不吭一聲。唐代大詩人白居易的一首七言絕句，可是道出了羊兒的溫順天性，詩曰：

獸中刀槍多怒吼，鳥遭羅弋盡哀鳴。
羔羊口在緣何事？闇死屠門無一聲。

三

大家都知道，家畜之中，羊分二類：一曰山羊，二曰綿羊，皆有功於人類；其奶可飲，其肉可食，其皮、其骨、其毛，亦皆有大用，照道理說，人們應該善加保護才對，可是人性矛盾，反加「迫害」。有董君者，感而作四言古詩以諷之，其詩如下：

人身之衣，羊身之毛，呢絨嗶嘰，到處暢銷。
羊之于人，可謂功高，何以報之？一把屠刀！

四

據宋人魏泰撰東軒筆錄一書記載：北宋仁宗皇帝趙禎（眞宗之子，西元一〇二三——一〇六三，在位四十一年），有一天早晨起床後，對近臣說：「昨天晚上睡不著覺，肚子感到很餓，想吃羊燒。」侍臣說：「何不降旨取索？」

仁宗皇帝說：「最近聽說宮中每有取索，百姓遂以為例。朕恐怕從此逐夜宰殺，以備隨時供應，則歲月之久，害物多矣。豈可不忍一夜的飢餓，而啓無窮之宰殺呢？」

當時左右聽了，齊呼萬歲。有人甚至感動得哭泣。

五

隋書孝友傳記載：有王固其人者，清虛寡欲。及遭母喪，立誓終生吃素，日常生活規律；白天念經，晚上坐禪。

王固曾經受聘於西魏。有一次，在宴饗之日，請停止宰殺一隻羊兒。那隻羊兒似通人性，爲了感謝王固的救命之恩，竟然跑到王固的面前，屈膝跪拜哩。

六

虞初新志載：邠州（邠亦作豳，古國名，在今陝西省境內，轄三水、淳化、長武等縣。）安姓屠戶，養了一隻母羊和一隻小羊。一天，安屠戶把母羊前後四隻腿都綁起來，持刀準備宰殺。小羊見狀，向安雙跪前膝，兩眼落淚。安屠戶頗感驚異，呆立了好久。後來把刀子丟在地上，去叫兒子來幫忙宰殺。

等到安屠戶回來，發現刀子不見了，遍尋無著。最後從躺在牆腳的小羊肚子下面找出那把刀子。安屠戶深爲感動，把母羊和小羊，一併牽入山中放生了。

——原載八十年十二月十三日中央日報長河副刊

猴年隨筆

·孫慧郎

距今六百多年前，明代大臣胡惟庸家中，畜養了十餘隻胡孫（亦作猢猻，就是猴子）。經由專人調教後，衣著整齊，一如人樣，不但學會拜跪揖讓的禮儀，而且熟練吹奏竹笛的樂器。

每有客人到來，則令奉茶送煙，行禮如儀，有模有樣。飲宴時，則命吹奏竹笛助興，吹奏過門、高低強弱……等等，咸合樂譜，其聲尤佳，不讓職業樂隊，時人稱之爲孫慧郎。

·母子

梅溪叢話載：在江蘇無錫北門外，有一位製造鐵器的工廠老闆王仙人，買了一隻身高六七寸的小獼猴。王老闆把牠與家中的老母雞，晚上關在同一個籠子裏睡覺，白天則放牠們出來，在庭院中玩耍。

猴子索求食物，雞就啄庭院中的蟲兒給牠吃。有時，猴子也將老闆給牠吃的果栗餵給雞吃。久而久之，牠們竟情同母子，形影不離。

小獼猴每天晚上睡覺時，老母雞就用自己的兩個大翅膀覆護著，充分表露出牠「母愛」的天性。

·為娘塞創

據蜀志鄧芝傳注說：蜀國大將鄧芝，某次外出行獵，看見河邊的一棵大樹上，有一隻母猴抱著牠的猴兒嬉戲。乃引弓射去，颼地一聲，正好射中母猴。其子立刻將箭拔出，丟棄河中，並且迅速抓取樹葉，堵塞母創。鄧將軍看了，深爲感動，不禁嘆了一口氣，將弓箭投入水中。

宋人周密撰齊東野語一書中，亦有類似記載，除了男主角換成三國時魏國大將鄧艾外，箇中情節，幾近雷同，茲不贅述。

·送往

距今一千七百多年前，當魏武帝之孫陳留王曹奐在位的時候，都城瑞昌門外，住著一對高齡夫婦，養了一隻猴子作伴，以娛晚年。

一天，老太太溘然長逝，老先生將她埋葬在住家附近的山腳下。沒有多久，老先生也相繼病故。因膝下空虛，無人安葬。這隻猴子終日守著長眠的老人，寸步不離。

數日後，爲鄰里察覺，除集資購棺爲老先生下葬外，大家都很讚賞這隻忠心的猴子，稱牠爲義猴，爭相畜養。

·歸寧

近年來，善心人士大聲疾呼要保護動物，精神可感。筆者認爲保護動物最好的辦法，莫如放生。又有心人士倡導讀唐詩，個人更是贊成。

今年歲次壬申，是個猴年，特錄兩首唐代的放生詩，提供讀者諸君，作爲春節期間談助及吟哦之資。詩曰：

放爾千山萬里身　野泉晴樹好爲鄰
啼時莫近瀟湘岸　明月孤舟有旅人

——唐　吉師老放猿詩

放爾丁寧復故林　舊來行處好追尋
月明巫峽堪憐靜　路隔巴山莫厭深
棲宿免勞青嶂夢　躋攀應愜白雲心
三秋松子纍纍熟　任抱高枝採不禁

——唐　王仁裕放猴詩

——原載八十一年一月廿日中央日報長河副刊

雞年采風錄

·提雞報喜

在湖北省西部邊遠山區，土家族流行一種提雞報喜的風俗：當嬰兒誕生後，女婿即提著雞子去嬰兒外婆家報喜。如果生的是男孩，就提一隻公雞；如果生的是女孩，就提一隻母雞。土家人約定成俗，提雞報喜，一看便知，倒不失爲一種簡單明瞭的辦法。

·佯售雞肉

傣族（即擺夷族）是我國少數民族之一，居住在雲南省西雙版納傣族自治州的人，流行一種很奇怪的戀愛方式，那就是賣雞肉。多在節日進行。屆時，女孩子親手做一隻清燉雞，盛於小盆中，攜至市集「出售」。

女孩子若對買者無情意，則加倍要價，反之；則含羞答對。雙方屬意後，即攜雞肉到樹林中隱密處共食，彼此傾吐愛慕之情。

·雞尾敬客

居住在甘肅省和政、臨夏等縣的東鄉族人，十分好客，通常用蓋碗茶、麵餅及辣子炒洋芋待客。比較富裕的人家，則用油香、手抓羊肉、雞肉等款待賓客。

如果用雞待客，主人必先向客人敬獻雞尾。當地習俗，認爲雞尾乃是十分寶貴的東西。若客人拒食，主人必怫然不快。

·後鳴者勝

景頗族是我國少數民族之一，分佈於雲南省西南部德宏地區，習慣於姑表舅聯姻，全族人口僅九萬三千餘人。

舊時族人發生爭訟事件，皆以神判方式決之：先由爭訟雙方各攜公雞一隻至約定地點，然後由董薩（巫師）念經，念完後再由雙方將雞縱放出去，視雞之鳴叫以決勝負。先叫者爲敗訴，後叫或不叫者爲勝訴。

·插花祈嚮

給公雞獻雞冠花，是湖南省通道、晃縣一帶侗族的春節習俗。春節開門的第一件事情，就是女孩子們結伴上山採雞冠花，攜回插在雞籠上面，以祈四時有序，風調雨順，國泰民安。

相傳古時候，公雞有角無冠，角被東海龍王借去後，一直不肯歸還。公雞日夜啼叫討角，鬧得四時無常。太白金星打圓場，採得雞冠花送給公雞作冠，才得罷休。後來給公雞獻雞冠花，就相沿成俗了。

·傳物示意

佤族是我國少數民族之一，人口約三十萬，分布在雲南省西南部西盟、滄源、孟連、耿馬，瀾滄和永德等縣。

舊時佤族發生糾紛，爲了表示氣僨或警告，或經人調停後表示和好，多不相互見面，而是用約定俗成之物相互傳遞。送辣椒表示氣憤，送雞毛表示警告，送甘蔗、鹽巴表示友好。這種原始的表達方式，簡單明瞭，極易分辨。

——原載八十二年一月廿二日中國時報人間副刊

雞年談雞德

二千一百多年前，漢朝韓嬰撰韓詩外傳一書中，謂雞有五德，原文如下：「夫雞，首戴冠者，文也；足傅距者，武也；敵在前敢鬥者，勇也；得食相告，仁也；守夜不失時，信也。」

十二年前，（民國七十年，歲次辛酉。）夏元瑜教授在其大作「獨立長鳴五千年—中國雞類大展」一文中，亦謂雞有五德，原文是這樣的：「您別瞧雞雖是一種極普通的家禽，牠可五德俱備：第一、峨冠矩步，不卑不亢，有士大夫之概，此乃文也。第二、一旦兩雄相爭，勇往直前，有古武士之風，此乃武也。第三、雌雞育雛，照拂備至，充滿母愛，此乃仁也。第四、雌雞見蛋就孵，不管鴨生的，還是鵝生的，一概照孵不誤，此乃義也。第五、公雞司晨，將曉則鳴，亙古如斯，此乃信也。」

現在試將二文作一比較，先談德目，其相同者有四：一曰文德，二曰武德，三曰仁德，四曰信德。其不相同者有二：一曰勇德，二曰義德。再談內容，德目相同者的內容，不盡相同，德目不相同者的內容，更無論矣。

按立言之人，前者是三朝元老，國家重臣；後者是大學教授，知名作家。兩位賢人皆稱雞有五德，覆按二賢所言，全符合事實，用誰的五德好呢？取捨爲難。乾脆將二賢相同的四個德目，加上不相同的兩個德目，在內容上，去其重複，存其精要，合而爲雞有六德，來個人雞兩便，皆大歡喜，豈不美哉！

其實，雞與人同，八德兼備，除了前述六德外，尚有儉德與讓德：就儉德言，雞生四大需要，食不論精粗，隨主人施捨；衣一生一套，終身不換；住的雞舍，因陋就簡；至於行嘛，每天光著腳丫子走路，連一雙鞋子都捨不得買。就讓德言，雞會飛會跑，不是那麼容易抓得到手的，多虧牠有讓德，否則；您休想吃到雞肉。

行文至此，背後拙荊拍肩警告：「無名小卒，少胡說八道！」

就算我的建言是胡說八道，雞有六德，您總得承認吧！

——原載八十二年二月八日榮光周刊

雞年到處詠雞聲

民國八十二年，歲次癸酉，是個雞年。筆者因而想起古人的兩首詠雞詩，特抄錄於后，提供讀者諸君，作爲春節期間談助及吟哦之資。

一、陸放翁詠雞詩

南宋詩人陸游（西元一一二五年——一二一〇年），字務觀，號放翁，山陰（民國併山陰、會稽爲紹興縣）人。由於母親唐氏夢見秦觀而生他，故以秦觀的字爲名。又因他不拘禮法，人譏其狂放，乾脆自號放翁。

放翁一生，著作甚豐，有劍南詩稿、入蜀記、南唐書、老學菴筆記、放翁詞等。就中以劍南詩稿最爲著名，所作多充滿愛國的忠誠，後人尊稱爲愛國詩人。即以詠雞詩爲例，亦是英雄吐屬，鏗鏘有聲。詩曰：

赤幘峩峩玉羽明，籬間新織竹籠成；
老人從此知昏曉，不用元戎報五更。

二、趙翼觀餵雞詩

清代詩人趙翼，字耘松，號甌北，陽湖（今江蘇武進縣）人，性情倜儻，精研史學，詩與袁枚、蔣士銓齊名。著有二十二史劄記、陔餘叢考、甌北詩集等。所作觀餵雞詩，頗多諧趣，妙絕古今。詩曰：

簌春餘粒撒籬間，喌喌呼雞恣飽餐；
只道主人恩意厚，誰知要汝肉登盤。

——原載八十二年一月廿五日台灣日報副刊

戊年談狗

·之一 千里傳書

距今一千七百多年前，晉代大文學家陸機，養有一隻愛犬，名叫「黃耳」，經常跟隨在左右。陸機在京城洛陽做官，也將牠帶去。因爲公務羈身，很久沒有寫信回家。

一天，他笑著對黃耳說：「你能幫忙送信回家嗎？」黃耳搖搖尾巴，表示願意去。陸機便試寫了一封信，裝在竹筒裏，繫在牠的頸子上，黃耳經過千山萬水，跑了二十多天的路，終於到達陸機在蘇州的家中。

家人將竹筒打開，知道是主人捎回的家書，看過之後，非常高興，馬上寫了一封回信，用同樣的方法，讓黃耳帶去。從此，黃耳習以爲常，往來於洛蘇間，作著傳遞書信的工作。

後來，黃耳死了，家人將牠葬在故鄉陸家村南約二百步的墓地裡。陸機並爲牠立了一塊石碑，碑上刻有陸機親書的六個大字，文曰：「愛犬黃耳之墓」。（詳見晉書陸機傳）

·之二 日行一善

澳大利亞的悉尼，是一座美麗的海濱城市。在悉尼海邊懸崖附近，有一家小旅館。老板養了一條狗，牠見過不少跳海自殺的人，因此學會了察言觀色。

每當牠見到人們高高興興地在這裡遊玩，牠也高高興興地跑來跑去；如果見到愁眉苦臉的人，一言不發的坐在懸崖上，或者是面對著大海，長噓短嘆。牠就飛快地跑回旅館，引著主人前來，對想自殺的人好言勸慰，救了不少的人。

後來這條狗死了，人們想到牠生前曾經救過不少人的性命，就在懸崖上，特地為牠立了一個紀念碑，用資永久的懷念。（詳見新編護生畫選集）

·之三 捨己救人

民國七十一年，台灣省彰化縣溪湖鎮民楊健全先生，用新台幣六十萬元，從德國買了一隻曾在西德榮獲十餘次「全國健美展」冠軍的名犬強尼。來台後，曾兩度獲得台灣區的第一名。聲名大噪，主人楊健全的親朋好友，爭睹牠的風采。

民國七十二年三月四日，黃姓友人請求將強尼帶回家養幾天，楊先生只同意帶出去走走。當天晚上九時，黃先生及十三歲的兒子，遛狗到溪湖鎮彰水路，突然一輛大卡車疾駛而來，但見強尼將黃姓小孩撞開，自身卻閃避不及，慘死輪下。

為了感念強尼捨己救人，楊健全先生花了一萬七千五百元，在溪湖鎮示範公墓，為牠造墳，安葬時也比照人的儀式，場面隆重。自此以後，每年清明節，楊先生都帶著香紙蠟燭及祭品，前往掃墓，十餘年來，從未間斷。（詳見聯合報）

以豬為師

人類吃豬的肉，喝豬的血，用豬皮製成用品，如皮包、皮鞋之類，用豬鬃做刷子，豬的糞便做肥料。

據「本草綱目」記載：豬的各部份，皆可以入藥。包括豬零，亦可爲藥用，而且豬零能醫好幾種疾病，其中之一是「血不止，取新糞壓之。」由此可知，豬對人類的貢獻相當大。

只因豬長相醜陋，人類鄙視之，侮辱之，謾罵之，手鞭之，腳踹之，豬自與人類生活以來，受盡了委屈。

希望人類從此一改過去錯誤的認知和成見，對豬輩弱勢族群，少加垂憐，付出一點兒愛心，一點兒尊重。

更有進者；但願人類放下身段，以豬爲師，學習豬的憨厚老實——不忮不求，甘於平淡；犧牲奉獻，遺惠人間。庶幾天下太平，人類幸甚，豬類幸甚！

——乙亥年春節寫於台北

豬年傳奇

·之一 靈豬舉證

江南宿州（屬安徽省，唐置，民國改州爲縣。）睢溪口，有一個人被殺死，兇手將屍體投置井中，經人發現報案，官府派人驗屍，證明是他殺，但是一時還不知道兇手是誰。

突然有一隻豬跑到官員的馬前慘叫，兵卒驅之不去。官員問豬說：「畜牲有所投訴嗎？」豬跪前蹄，作叩頭狀。官員命令兵卒隨行，豬起身前導，來到一家門口，撞開大門，進入屋內。

豬跑到臥榻的前面，用長鼻拱地，剎那間，將兇刀啣出。刀面血跡尚新。官員立即派人緝訊兇嫌，依法判處極刑。

睢溪口的人出錢，商請寺廟的和尚代養這隻豬，過了十餘年，這隻豬才死去，寺僧特別做了一座小小的靈骨塔，依佛教禮儀，將其下葬。（詳見子不語）

·之二　豬拒早殺

從前，在大陸上，有一位羅姓男子，靠殺豬維生。

某日，想殺一隻豬，挑往市集去賣，當他準備下手宰殺時，想不到豬竟會說話。牠抗議說：「我應該明天死，爲甚麼要提前在今天殺掉我呢？」羅某悚然而驚，垂手呆立良久。

第二天，羅姓男子又準備殺這條豬時，豬又說話了：「我應重到九十斤才死，現在只不過八十七斤，幹嘛要提早結果我的性命？」羅某渾身發毛，默然而退，心裡直想趕快把牠賣掉。

旬日內，羅某找到一位買主，將牠售賣出去，改行賣菜，從此不再殺豬。（詳見右台仙館筆記）

·之三　豬狗同乳

距今二千二百多年前，在山西太原地方，住著一個大戶人家。

大家長郭世俊老先生，是一位道德高尚，學問淵博的人。郭家老幼近百口，上下和睦相處，七世同居，人間少有。

妙的是，郭家小豬小狗，可以一塊吸吮母豬的奶，或是一塊吸吮母狗的奶，從未發生過爭吵打架的事；家中飼養的烏鴉和喜鵲，同巢而居，也從未發生過爭吵打架的事。

時人認爲郭家老幼和睦相處，家畜受到感應，才會相安無事。附打油詩一首爲證，詩曰：

小豬小狗好福份，左右逢源把奶吮；
吮了豬奶吮狗奶，不羨神仙不羨人。（詳見魏書）

——原載八十四年一月卅日台灣新生報新生副刊

第五輯　休閒小品

第五節　村閒小品

武漢去來

一、車資餐費皆離譜

從武昌南湖機場出來，愚夫婦帶著笨重的行李，氣喘噓噓地，擠上中國民航的汽車，經過長江大橋，到達漢口航空路終點站。下得車來，叫了兩部三輪車，至新華路公車站。本來講好價錢，到了目的地，卻又節外生枝，說行李太多了，短短一段路程，硬索車資人民幣十元而去。

我倆將行李拖進公車站，到售票窗口，買去長堰的車票。還不過上午十一點鐘，售票員說：今天的車票已經賣完了。

既然沒有班車，祇好求助於站長了。站長調派了一輛中型專車。武漢到長堰的票價，兩人不過四塊錢，卻索價人民幣一百元（據舍弟說，包一部計程車，只要七十元。）。另送站長和女性副站長三五牌香煙各一包。中途，請范姓司機吃午飯，普普通通的四菜一湯，用人民幣七十餘元，也送司機三五牌香煙一包。合計用去的鈔票，相當一個普通工人兩個月的工資。才在顛顛簸簸、塵沙飛揚的情況下，灰頭土臉的抵達家門。

二、老大尋根悲枯樹

我與父親不相見，已經四十年了。腦海中一直存留著的父親外貌，是胸前斜佩武裝皮帶的軍官形象。

四十年後再見父親，呈現在眼前的是一位雙目失明、骨瘦如柴的老人。勉強支撐起來，像一株隨時都會傾倒的枯樹。我的眼淚，不禁奪眶而出。

父親今年九十三歲，雖終年臥床，所幸神智清楚。

與父親相處短短十三天的日子中，父子倆在臥房內，無所不談。

我曾問父親，我名字的由來。父親說：嘗見某宅中堂懸掛一條幅，上書「白鷳飛到鳳池中」。心裏很喜歡，所以爲我取了這個名字。

這名字太女性化了。某些報章雜誌在寫給我的信封上，名字下加小姐二字，到銀行、郵局取款，辦事人員也在我的名字後加呼小姐。我有好幾次想更改名字，可是一想到這是父親取的，又不忍割捨老人家的「心歡」了。

三、獨留荒塚向黃昏

媽：今天是戊辰年八月廿日，不肖兒攜台籍兒媳，隨同在大陸的姐弟子姪，來到您的墓前，燒香跪拜。心裏有許多話要說，無奈咽喉爲之梗塞，說不出話來，惟有痛哭而已。

長沙拜別，希冀他日重逢。孰料四十年後的今天，日夜期盼返鄉探望的第一位親人，竟長眠於荒煙蔓草之間？母子恩義，邈若河山，竟成幽明之永隔。今生今世，再也見不到您的慈顏了，教兒怎能忍著不哭呢？

媽，您還記得嗎？抗戰期間，家住四川萬縣的一個小鎮上。您乳部生瘤，數日之間，紅腫惡化，澈夜難眠。父親請來同事楊主任（台大楊承祖教授封翁，已退休，刻寄寓永和。）爲您開刀。因爲醫藥缺乏，沒有麻醉針可打，楊主任無可奈何地操刀一割，您強忍疼痛，僅作咬牙呻吟。當時，兒有錐心之痛。

昨天，父親告訴我：「你媽是在十四年前的正月十六日病逝的，生前吃過許多的苦，受過不少的災難，經常從睡夢中驚醒，哭訴思兒夢境。三年前，我雙目失明後，更是常常盼望你回來。」兒浪跡天涯，連累父母牽掛，眞是罪孽深重啊！

「樹欲靜而風不止，子欲養而親不待。」兒不能起母於地下，重享天倫，但願早赴黃泉，陪侍左右，慰母寂寥。

金風瑟瑟，景物凋殘。仰視落日孤雁，遠望碧水長天。知秋分之既過，寒露之偪臨。媽，安息吧！兒偕媳，將渡海南歸矣。

不肖兒

鳳池泣叩

四、鬢髮雖白存鄉音

那天上午，偕外甥女婿往漢口市中山大道一〇二二號「中國銀行」，用花旗的旅行支票兌換美鈔。我對女行員說明來意，並出示有關票證。這位年輕貌美、長髮披肩的小姐，在看過我的「台胞證」後說：「您家的鄉音還沒有變嘛！」我回答說：「我的鄉音麼，不但四十年不會變，就是百年之後也不會變哩！」附近的人聽了，爲之莞爾。

細微末節的事情，我交待外甥女婿去辦。自己踱向大廳，坐下來，沉浸在思潮起伏的回憶中。想起學生時代，在武昌的讀書生活；想起唐代詩人賀知章那首膾炙人口的七絕「回鄉偶書」：「少小離家老大回，鄉音無改鬢毛催；兒童相見不相識，笑問客從何處來？」

鄉音是我的「民族主義」，我是永遠也不會「拋棄」它的啊！

五、饑者未必易為食

京廣鐵路，一票難求。昨天白跑一趟，沒有買到去廣州的車票。今天起了一個大早，在外甥女婿的陪同下，再往武昌火車站港澳台胞窗口等待購票。一直等到上午八時半，好不容易，才買到赴廣州的兩張軟臥票。（武昌至廣州，全程一千零八十四公里，兩人票價外滙券一百廿四元六角。）

當我們要離去時，先後有兩名少婦走到我的面前，先來的一位說：她籍隸江蘇，母親生病住院，希望我能幫點忙。後來的一名，手中牽著一個三四歲大的男孩，向我要錢。她以濃重的河南鄉音說：孩子到現在還沒有吃早飯。

我本想多給她們一點錢，察顏觀色的結果，根本不是那麼一回事。我想：俺吃早點不過五毛錢，於是各給人民幣一塊錢了事。

想不到那名牽小男孩的女人，竟然面露慍色，嘴巴咕嚕不停地離去。

我不明白，她們爲甚麼會流落他鄉？

六、歸元寺裏感孤清

漢陽的歸元寺，從前我沒有去過；這次離開武漢前夕，在親戚的安排下，老少七人，雇了一部個體戶的中型出租汽車，自漢口直駛該寺門前。

下車一問，才知道參觀時間已過。走入拱形大門，進到內院，但見佛門緊閉，使人頓有孤清之感。

陳子昂的登幽州台歌，迅速地閃現腦際，口中不禁低吟：「前不見古人，後不見來者，……。」的詩句。

我抄下正門的一副楹聯：「大別迎江侍，方城荷日朝。」作爲紀念，也因此觸發我江水嗚咽，日暮途窮的聯想。

我們一行人，在圍牆內外，拍了幾張照片，就離開該寺，轉往黃鶴樓了。

我與歸元寺，緣慳一面，即或刻意安排，也是枉然。世界上的事情，率多如此吧！

七、黃鶴樓頭日落遲

黃鶴樓遺址在武昌蛇山黃鶴磯（一名黃鵠磯）上，樓因地而名。相傳三國吳黃武年間創建，後各代屢毀屢修，僅清代就重修了四次。清光緒十年（一八八四年），因附近失火延燒被毀。現在蛇山頂上所見五層高的黃鶴樓，乃該市重行修建者。

四十年前，我在武昌讀書，親炙名勝；四十年後，舊地重遊，固無免於感慨，一言以蔽之曰：「風景不殊，正自有山河之異。」（周顗語）。

我站立在黃鶴樓下，俯瞰江漢，極目千里。對故鄉的懷念，與崔顥自無不同。就詠黃鶴樓的詩而言，「當以崔顥爲第一」（宋代文學批評家嚴羽語。）但能狀寫我目前心境的，唯有黃遵憲（一八四八——一九〇五）的那首七律「上黃鶴樓」詩了。茲錄原詩於后：

磯頭黃鵠日東流，又此欄杆又此秋。
鼾睡他人同臥榻，婆娑老子自登樓。
能言鸚鵡悲名士，折翼天鵬慨督州。
灑盡新亭楚囚淚，煙波風景總生愁。

此刻；深秋的夕陽，正緩慢地下沉，我的心情也隨之沉重了。夕陽啊！莫非知道故人將於明天離去，而依依不捨麼？

八、車站泣別淚如傾

七十七年十月九日，這個離別的日子，大姐二姐等老少七人，自漢口乘公車趕來武昌火車站送行，並且買了麵包、水果等，要我們留在車上吃。

臨別前，白髮皤皤的大姐，年逾花甲的二姐、清癯羸弱的外甥女等人，都淚灑車站。我堂堂男兒，無意哭泣，可是想到母親的亡故，父親的雙目失明，姐弟的生活，不因我的返鄉而得到改善，自己的書劍飄零，以及「此地一爲別，孤蓬萬里征。」不知何年何月才能再見面，……等等等等，一時百感交集，悲從中來，不禁熱淚滂沱。

上午八時四十一分，火車緩慢地向前蠕動，駛離車站。我倆與月台上企立的親人，互道珍重，揮手告別。在隆隆滾動的車輪聲中，陸游的訴衷情，在我的腦海中湧現：「……。此生誰料，心在天山，身老滄洲！」

附錄：三弟漢生送別詩二首

送別 二首

見面維艱別更難　相逢默默咽辛酸

兄嫂今朝乘風去　不識何時往復還

卅秋闊別近殘年　聚少離多每悵然

常願噓寒兼問暖　莫教熱淚透枕邊

——原載七十八年七月十六日暢流半月刊

大陸探親記

廣州掠影

去年秋天，筆者夫婦赴大陸探親，自九月廿二日起至十一月九日止，在大陸停留四十九天。足跡遍及廣州、武漢、北平等地。就中停留廣州的時間最久，多達廿三天，幾佔全部時間的一半。

在大陸停留期間，雖橫越長江、黃河，兩入故宮，北上長城，要皆走馬看花，未若在廣州有充分的時間觀察，印象深刻。茲以「廣州掠影」爲題，分三點概述個人觀感如後：

一、住房子

大體說，廣州的房屋多爲四十年前的舊建築，而某些偏僻的街道，房屋破舊不堪，有的屋頂，甚至房屋的正面牆壁縫隙間，雜草叢生，綠苔處處。當然，幾十層的新式建築也並非沒有，畢竟爲數有限。

除了幾條大街外，一般的公寓，好像軍隊的班橫隊或排橫隊一樣，前排的「屁股」，對著後排的「臉」，而且間距偪仄，呈現擁擠現象。

使人納悶的是，廣州市民多把衣褲曬在前面陽台的架子上。有的甚至直接穿在竹竿上，從窗戶內捅出來。觸目所及，盡是大小長短，新舊雜陳的衣褲，好像萬國旗一般，迎風飄盪，太妨礙觀瞻了。

至於室內的情況又如何呢？以舍弟住屋爲例，全家三口人，擠在三樓一間不過廿坪的房子裏，三房一廳、一廚一廁，全是小格局。(前後都有陽台，但都很窄小。)拿廳堂來說吧，擺一張條櫃、一個冰箱、一套沙發和飯桌，就擠得滿滿的。除主臥室一幅油畫外，其他的房間看不到一幅字畫，當然更沒有神龕、案桌之類的陳設了。廁所小得只能容納一個人。

廣東人把洗澡叫「沖涼」，洗澡的時候，提半桶用煤球燒的熱水進廁所，在裏面扭開水龍頭加冷水，沖洗一下了事。大小便的位置是蹲式的，高出地面許多，要跨步上去，才能「方便」，用罷，還要接一桶水沖洗，極不方便。一個「高知」份子的家庭尚且如此，其他的家庭也好不到那裏去。

二、坐車子

廣州最平民化的交通工具是公共汽車。這種公車是由兩節車廂組合而成，中間是摺疊式帆布套。兩節車彼此相連，前後相通。全屬硬式的靠背椅，接頭的地方，也有座位。從外表看，公車活像一架手風琴。

車子右側前後各有一扇門，是乘客上下車的地方。車門旁邊各由一位男或女隨車服務員，負責收售車票。右側靠窗子的地方是博愛座，專供老弱婦孺乘坐之用。

廣州市公車的特色有三：㈠、沿途用國語和廣東話，播報經過的街道和站名，有時插播「讓座給老弱婦孺，是應該的。」等口號。㈡、隨車服務員具有相當的權威。例如有一次在車上，中途上來一位老人，沒有座位。女服務員朝博愛座掃瞄一眼，命我後座的一名青年讓座，那名青年乖乖地讓開。㈢、市區內乘坐公車，不論距離遠近，一律收費人民幣一角。

缺點有四：㈠、車輛陳舊。㈡、超載：車內經常是擁擠現象。㈢、拋錨。㈣、塞車：例如去年十月十七日，筆者偕舍侄自海珠區曉園往廣東畫院參觀嶺南派畫家關山月近作展，上午八時許出發，至十一時始達該院附近的一個車站，塞車達兩個小時以上，浪費許多時間。

另外，廣州也有兩層巴士，票價爲公車的五倍。筆者嘗坐上層，見車廂前方漆有「不准企立NO STANDING」字樣，又一般公車前後門上方，漆有「車未停妥，禁止上落。」等字樣，如果不用大腦想一想，還眞不知所云哩。

至於計程車嘛，可有得瞧的啦。一次，筆者夫婦從白雲機場至海珠區曉園舍弟住處，索價廿元，並且指明要外滙券(黑市幣值高於人民幣)，否則拒載，扼於形勢，只得硬著頭皮，讓他敲竹槓了。

三、過日子

抵達廣州的第二天，在某醫院擔任腫瘤科主任的弟媳，請愚兄嫂至南園酒家喝早茶。我們一行五人，於七時許到達時，在偌大一個花木扶疏、曲徑通幽的名園中，竟是座無虛席，我們只得進入內廳一角，叫了春捲、排骨、小籠包、蛋皮包糯米等點心佐飲。前人說：「吃在廣州。」斯土斯民，可眞懂得生活的享受。

在衣著方面：以購買成衣爲主。每天有許多人逛百貨公司，但是逛百貨公司的人多，買東西的人少。一套流行的婦女服裝，普通在二三百元以上，不是一般婦女買得起的（據內子說：有部份流行服裝，早在台北流行過了。），所以很少有人穿著像樣的衣服，這可能與他們的低收入有關吧。

在千萬人口的廣州市，大多數家庭做飯，仍以燒煤球爲主。很少用瓦斯和電爐的。私人住宅沒有電話，有事連絡，要跑很遠才有一座公用電話亭，頗不方便。日用物資方面，截至目前爲止，仍在使用糧票、油票等，生活受到相當的限制。

最近兩年，物價高漲，工資倒掛，生活又不好過了。舍弟、弟媳和侄兒，都是受過高等教育的知識份子，月入都不過百餘元，比起沒有受過什麼教育的個體戶收入，眞有天壤之別。看來「造原子彈的不如賣茶葉蛋的，拿手術刀的不如拿剃頭刀的。」並非全然是玩笑話。所幸舍弟樂天如命，授課之餘（在廣東醫藥學院擔任教授），讀讀報紙，看看電視，偶爾以塡詞自娛。茲抄錄舍弟蒲生舊詞一闋於後，作爲本文的結束。

附錄：

踏莎行 壬子別母

夜色昏沉 燈光黯澹 兒將待曙南行遠
承萱堂抱病強撐 衣裝細理親情煖
曉日徐昇 晨星漸散 慈闈傍閑足頻顫
秋風牽袂促登程 遙聞斷續娘啼喚

——原載七十八年九月一日暢流半月刊

北京見聞

丹頂鶴

抵達北京的第二天，筆者假天安門廣場右側華北樓飯庄二樓設宴，答謝安排我們食宿參觀的張氏伉儷。席間閒聊，說著說著，很自然的就扯上「吃道」了。

「本地人管這個叫丹頂鶴。」張先生夾起一塊豬肉，微笑著說。

「什麼意思？」舍侄好奇地問。

「鶴的頭頂是紅色，身體卻全是白的。北京豬肉瘦少肥多，可不像丹頂鶴嗎？」張先生把肉在空中晃了兩下，然後慢吞吞地放入口中。

大家看了，不約而同地笑出聲來。

出門不帶臉

十月二十三日，星期天。張氏伉儷利用假日，陪我們參觀北京大觀園。幾天來，雖然早晚有些涼意，還算是旅遊的好天氣。這天早晨，在乘車往宣武區南菜園街大觀園途中，卻下起雨來了。

我們沒有帶傘，買好入場劵，等雨稍小些，才依序進入各棟房舍參觀。

當我們剛走到一間展覽室門口，準備放眼欣賞時，但見年輕漂亮的女服務員，衝著我們過來，厲聲斥責：「出門不帶臉！」把我們嚇了一跳。定眼看去，原來是一名少婦偷偷溜進去，想扶著拱門拍照。被女服務員一罵，氣也不吭地跑出來了。

女服務員是否預先提出過警告呢？不然，爲什麼那般嚴厲呢？（事後才知道，部分展覽室，禁止遊客入內。）

過了好幾秒鐘，我那侄兒——年輕的內科醫生，開玩笑地說：「乖乖，好險，我們出門雖然沒有帶傘，臉可是全帶出來了的。」

連樹也不放過

那天，第二度參觀故宮出來，時間尚早，我們徒步爬上景山（即煤山），在夕陽中，鳥瞰塵寰，北京盡收眼底，不禁發思古之幽情。

我們從左邊的一條小路下來，在接近山麓處，有一棵小樹，用方形的鐵框圍著。旁邊豎著一塊牌子。看完牌子上的說明文字，知是明朝末代崇禎皇帝壯烈殉國處，令人寄予無限的同情。

可是，此樹並非原樹。三百餘年歲的古樹，早在文革期間（一九六六——一九七六），被紅衛兵砍傷、推倒、挖根，放一把火燒了。

古樹何辜？它是過時的，封建的，走向現代化的障礙嗎？十年文革，民無噍類，連樹木也不放過，眞是千古浩劫。

——原載七十八年二月廿六日中華日報副刊

歐遊手記

·華夏之光

在巴黎羅浮宮前面廣場上，有一座非常搶眼的建築物——玻璃金字塔。這座約五層樓高的金字塔，於西元一九八八年十月竣工啓用。六年以來，引致無數旅客的駐目欣賞，已成爲羅浮宮最主要的入口地標。

無論主體結構、採光效果、地下層甬道，乃至服務部門等等，均妥善規劃，一流設計，贏得世人喝采。

這座建築物的設計者是誰呢？他就是出生廣州，以設計大規模城市建築和建築群著稱，今年七十七歲的美籍華裔建築師貝聿銘先生。

去年十一月十八日，巴黎羅浮宮慶祝開館二百周年，法國總統密特朗，在慶祝會上，頒贈貝先生法國政府最高等級的「榮譽軍團司令」（Legion d' Honneur）勳章，表揚其「大羅浮宮計劃」總建築師的功勞與成就。

這是貝先生的光榮，也是全體中國人的光榮。

·欣見國旗

在歐洲八國之旅中，印象最深刻的是有「歐洲公園」之稱的瑞士——這個兩次世界大戰都保持中立的國度。它是一個風景美麗的國家，更是一個愛好和平的國家。

當我們抵達瑞士盧塞恩（一譯盧森），進入四星級的Axeniels旅社大廳時，首先映入眼簾的，就是懸掛在天花板上大幅的中華民國國旗，心裏好高興，迅速地產生了對該旅社的親切感。

合計懸掛著二十八幅各國的國旗，成正方形排列兩層，外層每邊四幅，共十六幅，內層每邊三幅，共十二幅。我國的國旗懸掛在外層的前方，正對著大廳的入口，可是對咱們這個文明古國的優遇了。

第二天上午，乘汽車抵英格堡，坐登山纜車上升到海拔一萬英呎高的鐵力士山頂賞雪。登山途中，雖然煙雨濛濛，仍能望見來回的纜車外殼髹漆的國旗，其中以髹漆著我國國旗的較多，心中興奮不已。（在奧地利地下湖入口處左側，亦曾見到我國國旗。）

但願走遍世界各地，都能見到我們青天白日滿地紅的國旗。

·重賞止傾

位於義大利西北部，地處阿諾河下游的比薩，有許多古蹟。其中最著名的比薩斜塔，創建於西元一一七四年。當第三層完工時，發現基礎沉陷不均勻，責任工程師B・皮薩諾想再繼續建造時，將下陷一邊的層高加厚，用資補救，但結果沉陷得更厲害。在尋求解決辦法過程中，工程曾數度停頓，可最後還是在傾斜狀態下，於西元一三五〇年完工。前後停停做做，歷時一百七十六年建成。

塔共八層，高五十六公尺，其傾斜距中點五・一公尺。現在每年正以一公分的速度，繼續傾斜中。原本開放參觀，爲了避免發生意外，目前嚴禁入內，吾人深表遺憾！

該塔自建成迄今，雖然已歷時六百四十餘年而未倒，但義大利政府爲了防微杜漸，特懸賞美金五百萬元，徵求止傾的辦法。

聰明的國人啊，爲了挽救古塔的噩運，請踴躍應徵吧！

・不忘根本

在十七天的歐洲八國之旅中，除了每天早晨用西餐外，午、晚兩餐幾乎全是吃中餐。後者都是在中國人開的餐館中用膳。

在歐洲開中國餐館的人，有大陸去的，有台灣去的，也有香港去的。姑無論來自何方，他（她）們都有著若干共同點，在硬體方面：餐館裝璜古色古香，紅紅的燈籠高高掛，牆壁上掛著對聯或字畫，有的甚至模仿宮廷設計，雕樑畫棟，懸掛宮燈。在軟體方面：待客熱誠，禮貌週到，保持著優良的中華文化傳統。

奧京維也納「南京飯店」，女老板是從台灣去的，人非常熱誠。室內佈置別出心裁，由天花板垂放下長長的電線，在電線末端，燈頭裝上大電燈泡，其上用台灣斗笠做燈罩，雖然與室內佈置不大調和，也算獨具特色了。

最後；抄錄義京羅馬「長城飯店」一幅對聯，作爲本文的結束。聯曰：

心無俗慮精神爽

座有清談智慧生

身處強勢文化的歐洲，能保持優良的中華傳統，難得，難得，難得！

——八十二年十二月二十八日於台北

我是抗戰一學生

·陸空夜戰

民國二十六年七月七日，蘆構橋事變，點燃了抗戰的聖火。那年；我剛滿九歲，在故鄉念完三年私塾，重回到出生地漢口市。

有天晚上，拉空襲警報，車水馬龍的漢口市，在警察人員嚴格執行交通管制下，街頭漸漸地冷清了。當緊急警報停止時，隨即實施燈火管制，電燈全部熄滅，市區一片漆黑。這時；我仰望天空，才知道那是一個既無星星，也無月亮的夜晚。

沒多久，我隱約聽到飛機聲。過了一會兒，敵機飛臨武漢上空。地面上有好幾道強烈的探照燈光，向天空交叉掃瞄。終於發現六架敵機，馬上緊盯不捨，地面的高射砲開始射擊，砲彈在敵機的前後左右開花爆炸，此起彼落，好像國慶施放的煙火一般。

由於我方有完善的防空設備，敵機不敢低飛轟炸，大約二十分鐘後，狼狽離去。

·參加合唱

第二年春天，舉家隨父親服務的醫院，西遷宜昌三斗坪。我正式進入當地的洋學堂讀書，插班初小二年級。

學校除正規教育外，爲了配合抗戰，有話劇隊，合唱隊等組織，我被遴選爲合唱隊員。我們在音樂老師的指導下，學會了許多抗戰歌曲，茲錄兩首歌詞如下，用概其餘：

其一

日本人呀不講理，　殺我同胞奪我地。
小朋友要快快來，　打倒日本出口氣。
出氣、出氣，　出了這口氣！

其二

向前走，別退後，　生死已到最後關頭，
同胞被屠殺，　土地被強佔，
我們再也不能忍受，　我們再也不能忍受。
亡國的條件，　我們決不能接受。
中國的領土，　一寸也不能失守。
同胞們，向前走，別退後，　拿我們的血和肉，

去拼掉敵人的頭，犧牲已到最後關頭，
犧牲已到最後關頭。

每逢紀念會，老師帶我們到集會場所，演唱抗戰歌曲，爲激勵民心、鼓舞士氣，貢獻我們的力量。

·血濺長江

那是一個晴朗的星期天，我和幾位同學在長江邊遊玩。上午十點鐘左右，看到鎮上高高的木桿頂端，掛起空襲警報的大球簍，我們貪玩，沒有特別理會。等到拉上緊急警報球簍了，大家才躲在樹蔭下，停止不動。

很快地，聽到隆隆的飛機聲，一會兒工夫，有三架敵機飛臨上空，朝向我們飛來，當掠過頭頂時，機翼上髹漆的紅色太陽旗，看得一清二楚。

敵機在天空繞了一個圈子。當再次繞飛過來時，我們聽到嗒嗒的機槍聲，接著從停靠在江邊的一排木船上，傳來慘叫的聲音。敵機第三次飛過來時，又是一陣機槍聲和慘叫聲，嚇得我們不敢動彈。

當看到掛出解除警報的球簍時，大家飛快地向江邊的那排木船跑去。走近一看，有幾條木船的甲板上，躺著沾滿鮮血的平民，血肉模糊，慘不忍睹。

這次敵機在小鎮的濫施掃射，造成我無辜同胞二十餘人的死傷。

·慰勞傷兵

我家搬到宜昌三斗坪之後不久，父親服務的陸軍第四十九後方醫院，開始收容傷兵。現在雖時逾半世紀，第一次歡迎傷兵的盛況，還歷歷如在目前。

那天中午，鎮上各機關團體的代表，都齊集江邊。我們學校的師生，在校長指揮、樂隊前導下，也整整齊齊地站立在規定的區域，靜候接運傷兵輪船的到來。輪船甫行靠岸，就響起長串的鞭炮聲，鼓號樂隊演奏歡迎的樂曲。當勞苦功高身負創傷的將士們下船時，我們開始高唱「慰勞傷兵歌」：

您們正爲著我們老百姓，爲著千百萬的婦女兒童。受了極名譽的傷，躺在這病院的床上。帝國主義爲著了逃脫，深刻的恐慌，他們是這樣的瘋狂：自從佔領了我們的北方，又進攻到我們的長江，以及所有我們的邊疆，他們要把中國當做一個屠場。任他們殺，任他們搶，飛機還在不斷地丟炸彈，大砲還在隆隆地響，我們拼著最後的一滴血，守住我們的家鄉。（獨白：對了，守住我們的家鄉，把敵人趕出去！）飛機還在不斷地丟炸彈，大砲還在隆隆地響，我們拼著最後的一滴血，守住我們的家鄉！

這條歌唱完了，接著唱另外的一條：

咬著牙根，忍著呻吟，同志們，您們前面受傷，後面立刻補上，您們受了重傷，敵人吃了敗仗。……

同學們越唱越有勁，聲振江表，響徹雲霄。

·小鎮挨炸

民國二十九年，全家跟隨著父親服務的醫院，遷居四川省酆都縣高家鎮。那是一個靠近長江邊岸，不到一萬人口的小鎮。

第二年秋天某日，響起空襲警報的鑼聲，那天在感覺上，警報的時間特別長。正納悶間，敵機飛臨小鎮上空。那時鎮上的防空設備很欠缺，全家人躲在客廳一張大方桌下面。爲了安全起見，母親在桌面加蓋了兩床棉被。

全家人坐在地上，傾聽著飛機的聲音，在機聲之外，忽然傳來一個長長的「噓」聲，緊接著是「轟」的一聲巨響，房屋爲之震動，門窗格格作響，跟著是玻璃的破碎聲。玻璃碎片和塵土，掉落滿桌滿地。多虧母親的細心，否則，我家準會有人被玻璃破片割傷。

等到解除警報後，我們小孩子好想出去看個究竟，可是大人不准。後來聽說：敵機回航時，在小鎮丟下一顆炸彈，地面炸開了一個大坑。是否有人傷亡，就不知道了。

·粉墨登場

抗戰期間的劇運工作，如雨後春筍，蓬勃發展。對於民心的激勵，士氣的鼓舞，有其不可磨滅的貢獻。印象最深刻的，有街頭劇「放下你的鞭子」，舞台劇「勾踐復國」。

「放」爲時裝劇，演日寇入侵，迫使我無辜同胞流離失所，家破人亡。有父女二人，靠賣藝維生，一天在某地表演，女兒體力不支，演出失常，老父不察，竟用鞭子怒笞愛女，引起觀衆不滿，群相指責。父女相擁而泣，賺人熱淚。

「勾」爲古裝劇，演春秋時代，越王勾踐爲了報仇雪耻，自己刻苦生活，臥薪嘗膽；並勉勵國人，十年生聚，十年教訓。經過二十年的努力，終於打敗吳王，復興國家。

前者在國人的心田中，播下同仇敵愾的種子；後者則堅定國人必勝的信念，從而採取報國的行動。

做夢也沒有想到，我這個內向的小男生，竟然也演過戲，說過相聲，眞是不可思議。戰爭迫使我們在人生的舞台上，扮演多樣的角色，領受不同的生活。

·青年從軍

民國三十三年，對日抗戰進入最艱苦的階段。處彼絕續存亡之秋，　蔣委員長號召全國知識青年，以實際行動報效國家，爲拯救民族危亡而奮鬪。全國青年迅速響應號召，掀起從軍熱潮。

報名從軍的有大專教授、中小學教師、公務員及中上學校的學生,更有皈依佛門的和尙。

當時，本校（國立第十二中學）師生，報名從軍的極爲踴躍，女生部也有同學請纓，因礙於規定，未能如願。

那年，我讀初二，抱著無比興奮的心情，爭先報名，等到體檢，卻因爲身高不及格，而被「刷」了下來。我頗難過，心想：我堂堂男兒，不能從軍報國，手刃讎仇，有虧國民應盡的義務，引爲畢生遺憾。

而實現從軍志願的青年，則奔向訓練基地集中。匝月之內，編組成十萬大軍，接受嚴格的軍事訓練之後，開赴前線，與盟軍併肩作戰。在　蔣委員長的英明領導下，屢建奇功，奠定了抗戰勝利的基礎，粉碎了日寇鯨吞中國的迷夢。

·弦歌不輟

由於戰亂的關係，我前後讀過三所小學；那就是湖北省宜昌三斗坪小學，四川省萬縣新開田小學和酆都高家鎮小學。

小學畢業後，我遠離父母姊弟，獨自到百餘里外的長壽縣東新村投考國立第十二中學初中部，僥倖錄取。在十二中的四年求學生活中，（含勝利後考取本校高中部，待命復員的一年。）過著比較安定的生活。現在將抗戰期間的中學生活，分物質和精神兩方面，簡述於後：

在物質生活方面：全體學生享受公費待遇，吃的是「八寶」飯，穿的是舊衣服，住學校租用的民宅。學校分散爲四處，（校本部在京莊，高中部在官莊，初中部在北莊，女生部在唯志灣。）平日往來，靠自己的兩條腿跑路。

在精神生活方面：就「育」來說，學校有整套的舊教科書，於開學時分發給同學們使用，寒暑假繳回學校保存。就「樂」來說，除音樂課外，同學們每天晚飯後自習前，拉拉南胡，或散步聊天。有時由同學們演出話劇，供師生同樂。每逢紀念日，大禮堂有班級壁報的展出，以及定期舉行歌唱比賽等。

走筆至此，我似乎又聽到同學們齊唱校歌的嘹亮歌聲：

巴山蒼蒼，　蜀水泱泱。
緊我十二中，　巍然建是邦。
學子莘莘，　蔚爲棟樑。
雪恥復仇齊努力，讀書抗戰莫相忘。
八德備，　四維張。
五育並重，　身心以強。
發揚民族精神，　光華復旦。
而躋大同兮，　樂也無疆！

——七十六年七月七日抗戰五十週年寫於台北

水果組曲

一、香　蕉

妳，溫柔甜美的姑娘，秀外慧中，人見人愛，植物學家爲妳取名甘蕉，洋人喚妳Banana。我已經習慣了，還是叫妳香蕉吧。

香蕉啊，說句不害臊的話，我是打從童年起，就愛上妳啦！

抗戰前夕，我家住在漢口市，有一天，母親牽著我，走進一家水果店，我一眼瞧見妳，穿著玻璃紙的新裝，在水果架上盪鞦韆，我用小手指著妳，對媽嚷嚷：「媽，我要她！」店子裏的水果，琳瑯滿目，我獨鍾情於妳，可以說是緣份了。

到臺灣來，第一次看見妳的家——香蕉園。我不禁叫道：「啊！原來妳家住在這裏。」當時好想跟妳合照留念喲。

二、芒　果

外柔中剛的芒果姑娘呀，民國三十三年前後，我在四川長壽一所國立中學念書時，就聽說妳的芳名了。

我的英語老師說，當她做學生的時代，第一次看見妳的英文名字——Mango，還以爲妳是野生的小狗哩。

待我查過妳的戶籍，才知道妳本名檬果，是一位廣東小妮子。可是有人說，妳原籍印、緬，這樣一來，可把我弄糊塗了，妳到底是中國人？外國移民？還是混血兒呢？

不知道是那位老爺，亂點種族譜，硬把妳列在漆科，讓人誤會妳是一位黑姑娘，其實妳黃黃的鵝蛋臉兒，蠻中國古典，蠻標緻的嘛。

三、荔　枝

嗨！荔枝，妳這土生土長的中國姑娘，穿一身紅綢鱗片，配上又圓又大的眼睛，活像個洋娃娃，細讀妳的小史，名字可多著啦，甚麼荔支、丹荔、離枝的，可不容易記住哇，而植物學家又陰陽怪氣的，管妳分在無患子科，名詞費解極啦。

二十多年前，當我在鳳山受訓的時候，有一天在課堂上，老教官把同學們帶入羅曼蒂克的氣氛中，談到千嬌百媚的楊貴妃，再由楊貴妃談到妳，老教官還順手在黑板上寫下：「一騎紅塵妃子笑，無人知是荔枝來」的詩句。

直到有一天，當我一親芳澤，才深深的體會到楊貴妃愛妳的心情。

四、木　瓜

本瓜這個女孩子，倒是樸樸實實的，醫科畢業，橢圓形的臉蛋，襯著樸素的衣著，相當之學院派的。閨房裏擺著一個星形的缸，缸裏面儲滿了一顆顆的珍珠。

那年春天，當我第一次與妻約會時，在臺北市成都路的一家冰果店裏，便是請木瓜小姐作陪的。

結婚的那天晚上，客人們鬧過新房走了，妻打開箱子，從箱子裏拿出一個精緻的小盒子，再從盒子裏取出一串懸掛著一塊玉珮的金項鍊，套在我的脖子上，貼近我的耳朵說：「投我以木瓜，報之以瓊琚，匪報也，永以爲好也！」哈哈，木瓜小姐，謝謝妳的撮合啦。

俗語說：「新人迎進房，媒人扔過牆。」我才不相信這種輕薄話，至今，不是妻就是我，還經常請木瓜小姐，來我們家作座上客哩。

五、枇　杷

妳，熱情的枇杷姑娘，居住於薔薇村的常綠亞喬木樹下，當妳在初夏長成的時候，妳那淡妝的瓜子臉，馬上就吸引住一些喜愛妳的人們。

請妳原諒，我是一個漫不經心的人，起初，我對妳的印象是模糊的，直到我搬來這冬雨型氣候的小鎮後，由於身體弱了，冬天潮濕而寒冷的空氣，侵襲著我的氣管，害我經常咳嗽，甚至於晚上不能成眠。是妳，熱情的枇杷姑娘，在妻的陪伴下，儘快來到我的臥榻前，解除我被病魔糾纏的痛苦。

謝謝妳，枇杷姑娘，謝謝妳，枇杷姑娘！

——原載七十一年九月青年世紀

生活隨筆

一、半部論語的分法

我喜歡做分析的工作，就拿這半部論語來說吧，宋朝有位趙普老太師，用半部論語治天下；今人有位俞大維先生，用半部論語處世做人。這是題外話，不必細表。

單說這半部論語的分法，據個人研究，主要的有下列六種：

一曰精挑細選法；二曰截頭去尾法；三曰攔腰兩斷法；四曰亂點鴛鴦法；五曰支離破碎法；六曰斷章取義法。

值得探討的是趙太師的分法，他老人家曾經對宋太宗說：「臣有論語一部，以半部佐太祖定天下，以半部佐陛下致太平。」將論語不多不少地分成兩半，實在高明。

趙太師到底用甚麼方法將論語分成兩半的，因爲歷史無可考，而他老人家又已作古千有餘年，無從請益，眞是可惜。

二、君子無所爭

七十年一月廿八日，中副載賀志堅兄大作「典籍異文」一則，這是我看過的趣譚中，印象較深刻者之一。大意謂：古人寫了別字，乃屬「典籍異文」或「轉註和假借」，今人偶有「落筆之誤」，人就譏之曰：「喏，寫別字哪！」

如果我體認不錯的話，這則趣譚，似有替今人「抱不平」之意。我認爲大可不必。古人有沒有寫別字，是另一回事，就算寫了別字吧，我贊成孔老夫子的態度：「成事不說，遂事不諫，既往不咎。」（論語八佾篇）。今人可不能再寫別字啊，否則，今人優於古人的地方都沒啦。

六十年春節，賀兄在住家大門兩旁，貼有一副對聯，上面寫些甚麼，因爲事隔十餘年，全給忘了。但是浮貼在門楣紅紙上的四個草體字「賀子之家」，卻記憶猶新。一個別字都沒有，這豈是古人所能望其項背的嗎？

故曰：君子無所爭，必也不寫別字乎！

三、「似是而非」的例證

去年十一月十三日，星期天，偕內子往台北市中正紀念堂瞻仰　蔣公銅像後，隨即到地下室參觀有關文物。當我們走到　國父手書「安危他日終須仗，甘苦來時要共嘗。」的一副對聯下時，但聽一名國小高年級的男生，正在對他的同伴解釋這副對聯的意義：「上聯的意思是：不管安全也好，危險也好，將來總是要打一仗的。下聯的意思是……」他這個「似是而非」的解釋，必須予以糾正。我乃拍拍他的肩頭說：「小朋友，上聯的仗字不當打仗講，而是依仗的意思。下聯的甘字當安樂講，苦字當患難講……」這名男生不等我說完，從鼻孔裏出氣，「哼」的一聲跑開了，他的同伴也跟著他一窩蜂的「飛」啦。

事後想想，我可能傷害了他的「自尊心」啊。面刺人過，是我的一大缺點，要改！

古人說：「失之東隅，收之桑榆。」在衆目睽睽之下，小朋友嗤我以鼻，實所難堪，但是：我在無意間得到一個「似是而非」的最佳例證，也算是一件值得高興的事。

四、囫圇吞「鼠」四十年

我少年讀書，羞於發問，不求甚解。初中時代，英語老師教了我們兩個英文的老鼠，一個是rat，還有一個是mouse。二者之間，到底有何區別，當時我既沒有請教老師，也沒有查字典，日子久了，也就把這種「小事」給淡忘了。

今年一月十四日，拜讀中副張之傑教授大作「鼠年談鼠」後，始知 rat 是指體型較大的褐鼠和黑鼠，mouse 是指長不大的小家鼠。我囫圇吞「鼠」四十年，好難過也。因自責道：「以後讀書，看你還敢不敢大而化之！」

——原載七十三年十二月路工月刊

附錄

讀「生活隨筆」後

·劉昭晴

日前拜讀王鳳池先生在本刊四十九卷十二期中「生活隨筆」一文，甚有感觸，特為文續貂，作爲談助之用。

王先生談到「趙普用半部論語治天下」，此固爲人所羨稱。但充其實，趙雖官居首相，但學問有限，因他是個算命先生，大概只讀過論語，才以半部論語治天下。對此，並非筆者厚誣古人，也有一點道理。因趙曾爲宋太祖（趙匡胤）訂一年號爲「乾德」。但太祖在宮中賜宴，在一碗上竟有乾德×年字樣（據中華日報吳姐姐講故事載：是宋太祖見到鏡子上有乾德×年字樣，特附記參考），始知已有人用過這個年號（後查知是蜀國用過），便概嘆的說：「丞相非用讀書人不可。」

過去戲曲（崑曲）中，有「風夜訪普」一劇，演宋太祖夜晚至趙普官邸私自訪問。趙雖已下朝，但在家中仍穿朝服正襟危坐，聞太祖到，立即出迎，君臣閒談乃成爲「佳話」，實則宋太祖怕臣下有不軌行動，方暗中私訪觀看大臣動靜。趙爲免去君王疑忌，不得不小心翼翼在家伺候。此與清朝雍正皇帝用「血滴子」之流，夜探大臣私邸相同，據清人所作「即潛紀聞」載：有某大臣於晚飯後，與家人玩「葉子」（紙牌，現在之「麻將」即由此演變而來。）忽少一張，各處搜尋不見。翌日上朝，於散朝後，雍正即詢及某大臣昨夜曾做何事？大臣據實以對。雍正徐徐在袖內取出葉子一張，問是否昨夜遺失一張？大臣見後，確爲遺失的那一張，自此事傳出後，各大臣盡皆悚然，此亦可證明古代君王對大臣防備之嚴，「風夜訪普」即係一例證。

另外，對「乾德」年號也有一傳說：國劇「罵金殿」一戲中，是談宋太宗（趙光義）篡位之事。傳謂：趙匡胤被趙光義所害，故有「燭影搖紅」之事，而「罵金殿」又名「燭影計」者本此。前面尙有「困龍床」一折，現在多只演「賀后罵殿」一場；史稱：宋太祖母后臨危時，曾告太祖謂：汝之天下，是得自孤兒寡婦之手（五代周朝柴榮之妻及幼子）汝今後應傳弟不傳子。故趙光義繼位係遵母后旨意，自無可議。此亦古人「兄終弟及」之事，目前戲劇所演「專諸刺王僚」，即因兄終弟不及而起，詳見東周列國演義，不再贅述，惟「罵殿」中，竟演賀母后（太祖之妻）至金殿，逼使光義讓位於乾德太子，光義不讓，太子乃碰死殿下，後太宗乃封其弟趙德芳爲「八千歲」，此即「楊家將」等戲中「八賢王」之由來。抗戰時，江蘇籍王弢在「中日文化」中撰文謂：王安石即乾德太子之化身，係前來報仇雪恨，故實行「變法」，結果使宋朝幾頻滅亡。筆者對此甚感興趣，當專函向王氏請教，問出於何書何典？王覆信謂：因已年老，不復記憶，難以覆命。對此，筆者仍願知其詳，本刊讀者中不乏高明之士，望能以教我。

王先生另外提到有人對　國父手書聯語「安危他日終須仗」發生誤解，不只小學生如此，而政府大員也有誤解者，在民國四十年間，陳辭公任行政院長時，各部會首長輪流在中山堂向行政院各機關人員報告該部會工作，等於現在之「動員月會」和「國父紀念週」，主講人除八部、二會首長外，尚有行政院配給室主任，行政院發言人辦公室主任（今日新聞局前身），因八部二會首長只有十人，故以二人湊數，則每月有一人報告。一次某大員（人尚健在，自不便提出名姓）講「安危終須仗」，亦解作「打仗、作戰」之意，即「終須打一仗」，時任主席之陳辭公聽後頗爲愕然，惟未表示意見，此事傳出後，某年，青年黨人士辦之「民主潮」雜誌中，也有人提及，自亦不便指名道姓，想知此事者必多，但時光眞快，一幌即是三十餘年矣！

——原載七十四年四月路工月刊

撰聯記事

——兼賀載福弟五十歲生日

老朽資質魯鈍，然性喜文藝，對於國粹聯語，尤多偏愛。年輕時，嘗試撰一聯云：

高高興興送舊歲
快快活活迎新年

該聯撰成後，一直束之高閣，從未示人。

六十九年，一位服務金融界的青年朋友，託老朽代撰嵌名婚聯送人。老朽學淺，當予婉拒。彼再三懇託，最後丟下事先寫妥「何家」、「惠純」的名條而去。推辭不掉，只好「恭敬不如從命」了。

過去一般的婚聯，都是以第三者的身分，祝賀新婚夫婦之詞，千聯一調，總覺得缺少親切感。老朽有鑒及此，乃改用結婚當事人的口吻，撰成一聯如下：

「何」若于飛宜其「家」室
「惠」然肯嫁錫我「純」情

上聯是用新娘的口吻寫的；下聯是用新郎的口吻寫的。洞房花燭之夜，客人散去，新婚夫婦，並坐牀沿，面對懸掛在洞房的婚聯，新娘輕啓朱唇，念完上聯，新郎接著念下聯，這番滋味，與過去的婚聯比較，自是不同吧！

七十一年四月二十日，詩人春暉（本名劉載福，長江要埠黃石港人，陸軍官校畢業。）自南部寄來信函一件，見贈隸書嵌名聯一副，老朽滿心歡喜。常言道：「來而無往，非禮也。」乃於次晨撰成一聯，附在覆函中寄去：

「載」月低吟黃港調（註）

「福」星高照隆田居

五十年代，載福築室臺南隆田鄉間。十餘年前，老朽嘗專程南下聚敘。三五戶人家，櫛比而居，紅瓦朱門，與附近水田中的秧苗，相映成趣，萬綠叢中幾點紅，與人超塵脫俗之感。但願載福弟在月白風清之夜，能夠經常高高興興地低吟故鄉的民歌，並且祝福他妻兒子女平安無恙。

歲月不居，轉瞬春暉弟五十生辰將屆，理當祝賀。送甚麼好呢？想來想去，就送一副集句對聯吧！主意既定，於是將詩、賦、詞、曲等韻文書籍，重讀一過，隨手將書中有「載」與「福」的句子摘記下來。茲將採用的句子錄之於後：

清酒既「載」

聿懷多「福」

右錄四言集句，上聯摘自詩經早麓，下聯摘自詩經大明。特以此聯遙祝這位當年持槍効命沙場，今日握筆絞腦文壇的鬥士，於暢飲金門高粱之餘，「『春』木載榮，奮榮揚『暉』。」（嵇康詩），把黃埔精神帶入文壇，多寫幾本振奮民心士氣的詩集，爭取文藝戰場的勝利！

老朽鄉人有生活三趣之說，即抽煙、喝酒、飲茶是也。我在所讀過的對聯中，有清人阮竺亭的詠煙聯「味濃於酒思公瑾，氣吐成雲憶馬卿。」和佚名的詠酒聯「入座三杯醉者也，出門一拱歪之乎。」最具趣味，惟缺詠茶聯。爰不揣譾陋，撰「茶迷」一聯以湊趣，聯語是：

持托感念崔寧女

把盞披讀陸羽書

據唐李匡乂撰資暇集記載：蜀國崔寧的女兒，因爲茶杯沒有襯托，經常會燙到手指，而創製了茶托子（簡稱茶托）。我們還眞是感謝這位小姐的發明哩！

唐代竟陵（湖北天門）人陸羽，字鴻漸，自稱桑苧翁，又號竟陵子，晚年隱居苕溪（在浙江省境）。嘗撰茶經三卷，凡十類，對製茶器具及烹飲諸法，記述甚詳。於是天下尙茶成風，後世祀羽爲茶神，其影響之深遠可知了。

七十六年臺灣區運動會，於當年十月二十六日起至三十一日止，一連六天，在臺北縣舉行。老朽寄籍北縣，與有榮焉。嘗不揣譾陋，撰嵌名聯一副贈賀，聯語是：

「創」造「豐」實成果

「煥」發「正」大精神

以邱主席台甫代表臺灣省，林縣長台甫代表臺北縣，藉示「區運在北縣」。

上聯簡述臺灣光復四十餘年來，國人在團結和諧中，各方面屢締佳績，預祝該年區運，亦必創造豐實成果。

下聯則寄望選手們，抱持磊落胸襟，參與競賽，從而煥發光明正大的精神。

註：載通戴。見詩經周頌絲衣，載弁俅俅。

——原載七十九年三月一日中國語文月刊

附　錄

贈廣州畫院熊德琴伉儷聯

「浩」氣寬沖「群」朋敬慕

「德」音婉約「琴」瑟和鳴

贈大弟蒲生聯

蒲梢賢弟大宛馬

生口劣兄長壽牛

▲天儀按：生口牲畜也亦作牲口。

贈幼弟漢生聯

漢子鐵肩挑重擔
生員隻眼看鴻文

響應國際家庭年

爹娘健壯孩兒樂
子女融和父母歡

▲天儀按：禮記：「孝子之有深愛者，必有和氣。」

——以上四聯均見刊台灣新生報新生詩苑

憑軒說夢

我想大家都做過夢吧。如果來一次問卷調查：截至目前爲止，您做過多少次夢呀？恐怕誰也答不上來，可是，問您做過一些甚麼夢呢，每個人就多少有些話說了。

夢有「單元夢」和「連續夢」之分，絕大多數的人做的是「單元夢」，有的人除了「單元夢」之外，還做「連續夢」，如杜工部的「三夜頻夢君。」（夢李白），虛雲大師的一夕三夢六祖，(虛雲老和尙年譜)等屬之。因爲這一類的夢，須要較多的時間敍述，暫且不表，現在舉幾個「單元夢」來談一談：

首先談黃帝做的夢。據列子書上說：「黃帝晝寢，而夢遊於華胥氏之國。其國無帥長，自然而已；其民無嗜欲，自然而已。既寤，悟然自得，天下大治。」這可以說是自黃帝建國迄今，四千六百八十三年以來，對於後代子孫的福祉，有著深遠影響的一個夢，筆者管它叫「中華第一夢」，或不爲過吧！

其次談孔子做的夢。老人家盛年，曾夢見周公。論語述而篇寫得很淸楚，子曰：「甚矣吾衰也！久矣，吾不復夢見周公！」老人家晚年慨嘆其衰老，知其道之不能實行了。梁簡文帝請賀琛奉述毛詩義云：「東魯夢周，窮茲刪採。」就是指孔子而說的。

下面談莊子做的夢。莊子是千古以來的妙人，他不但人妙、夢妙、吐屬更妙。他在齊物論中自道：「昔者，莊周夢爲胡蝶，栩栩然胡蝶也。自喻適志與？不知周也。俄然覺，則蘧蘧然周也。不知周之夢爲胡蝶，與胡蝶之夢爲周與？」眞是絕透了。

大意是說：從前，我莊周夢到自己變成一隻蝴蝶，居然是一隻活生生的蝴蝶，很高興地飛舞著，那時不曉得我是莊周了。忽然夢醒，驚覺仍是自己。不知道究竟是我做夢變成蝴蝶呢，還是蝴蝶做夢變成我呢？我和蝴蝶一定有分別的，可是在夢中不知道有分別呀！說我莊周是蝴蝶也可以，說蝴蝶是我莊周也可以。您說絕不絕呢？

上面講的都是男仕們的夢，下面舉一位女士的夢。

春秋時代，鄭文公的側室燕佶女士，在十個月懷胎期間，夢見天使給她一株蘭草說：「余而祖也，以是爲而子，以蘭有國香，人服媚之如是。」既而生穆公，名之曰蘭。（見左傳宣公三年）。南北朝新野人庾信奉和賜曹美人詩：「何年迎弄玉，今朝得夢蘭。」典即出此。

夢有幸有不幸，同樣是夢見筆，大詩人李白少年的時候，夢見筆頭生花，從此天才贍逸，名聞天下。紀少瑜夢見一位陸倕先生，送他一束青鏤管筆，並對他說：「我以此筆猶可用，卿自擇其善者。」其文因此遒進。另據晉書王珣傳記載：「珣夢人以大筆如椽與之，既覺，語人曰：『此當有大手筆事。』俄而帝崩，哀冊諡議，皆珣所草。」王珣因而聲名大噪。

南朝考城人江淹，可就不同了。他少有文譽，世稱江郎，晚年才思微退，詩文無佳句。據南史江淹傳說：「嘗宿於冶亭，夢一丈夫自稱郭璞，謂淹曰：『吾有筆在卿處多年，可以見還。』淹乃探懷中得五彩筆一以授之，爾後為詩，絕無美句，時人謂之才盡。」我們說某某人江郎才盡，就是用的這個典故。

其他如殷高宗以夢得傅說、周文王以夢得呂尙、盧生的黃粱夢（又稱邯鄲夢）、淳于芬的南柯夢，以及富有浪漫情調的楚襄王夢遊高唐，文景昭夢神仙示磊字等等，眞眞假假的夢，不勝枚舉，恕不多贅。

筆者這一生，做過心悸的惡夢、輕鬆的美夢、奇異的怪夢、傷神的亂夢，就是沒有做過「日有所思，夜有所夢」的夢。我少小離家，轉眼就是三十餘年了，好想「夜來幽夢忽還鄉」，可是「尋好夢，夢難成。」也祇得罷咧。

如果有人問我，你最留連的是甚麼夢？我的回答是：少年時代做的飛天夢。您想想，一個人沒有長翅膀，竟能在空中自由自在地飛翔，該是多麼愜意的事。據內子說，她在少女時代也做過飛天夢，這可眞是無獨有偶啦。

有人把人生比成夢，李白就曾明白地說過「浮生若夢」的話，李后主也有過「往事已成空，還如一夢中。」的浩嘆，蘇東坡更同意「昔日富貴，一場春夢。」的說法，甚至連幽默大師林語堂先生，也發為「三十年來如一夢」的微吟。（據筆者推斷，這些都不過是大詩人、大文豪一時的感慨，讀者千萬認不得眞。）雖然如此，筆者還是贊成胡適之先生的態度，他不苟同人生如夢的看法。他說：人生不是夢。就算人生如夢吧，我們也要作積極的夢，力爭上游的夢，決不可作消極的夢，自暴自棄的夢。（大意如此）。寫到這裏，筆者想起民國三十六年在武昌一中讀過的那首英文詩，現在把開頭的兩句寫在下面，作爲拙文的結束：

「不要告訴我，

人生僅是一場空虛的夢幻。」

足證中國人也好，外國人也好，都是人同此心，心同此理啊。

——原載七十四年十一月路工月刊

目擊撞機

編輯先生賜鑒：

貴刊自十月十六日起至十月廿一日止，一連六天刊載周愚先生撰「歸來的軍刀」一文，拜讀之餘，感觸良深，對於周先生忠實的記述，尤多敬佩！

周先生文中，兩處與事實稍有出入，茲就個人所知，提供補充和訂正：

十月十八日文中，提及京廣鐵路，周先生說是平漢鐵路，只等於說了一半。現補充如後：

按京廣鐵路，起站爲北京（北平），終站爲廣州。係連貫原平漢（自北平至漢口）與粵漢（自廣東廣州至湖北武昌）兩條鐵路而成。一九五七年九月武漢大橋竣工後，全線始告貫通（武漢大橋連絡武昌、漢陽二市鎮。橋分兩層，上層走汽車、行人，下層走火車）。

十月廿日追記王乾宗、林鶴聲兩位飛行軍官駕F-104不愼互撞，雙雙殉職事，年分與地點均有錯誤。此一不幸事件，發生於廿九年前的民國五十三年雙十節上午，正確地點爲土城鄉（現改爲市）清水村山坡上。斯時筆者正在清水生教所操場散步，目擊王、林兩烈士飛機相撞，一團火光，一聲巨響。剎那間，機毀人亡，無任哀愁！未久，空軍地勤人員來所，商借圓鍬、十字鎬應用。

廿九年後，因讀周先生的大作，始知當日殉難者的姓名，益增傷感。謹向二位烈士致最崇高的敬禮，與虔誠的悼念！

祈借　貴刊一角，惠予披露為感！耑此。順頌

編安！

讀者**王鳳池**拜啓　十月廿一日

——原載八十二年十月三十日聯合報副刊

「歸來的軍刀」一書轉載

牧童·牛頭·考試機

——由一名學生的作文談起

今（七十四）年一月卅日，本校舉行七十三學年度第一學期期末考試。第一節考國文，二年級前段班考卷，包括閱讀測驗及作文等，共有八個考試項目，合計六十八題。作文題目是「如何改善社會風氣」；後段班考卷，包括測驗題及作文等，共有六個考試項目，合計五十六題。作文題目是「請、謝謝、對不起！」。

前後段班級作文，各佔考試成績百分之十。考試時間均爲六十分鐘。要求學生在有限的時間之內，答完多項的題目，不是一件容易的事。尤其是作文，在考前不能預知題目，考試時臨時構思的情況下，長篇佳構眞是鳳毛麟角，百不一見。大部份的學生寫十幾二十句，已屬不錯了。

現在將後段班考卷中，抽取一個名叫賴鴻春學生的作文，抄錄如下：（賴鴻春是二一二班的學生，在該班四十二名男女同學中，國文程度列中等，極具代表性。）

請、謝謝、對不起！

請！

請是言部，是要我們常用口說出來。如果有事要請人幫忙，一定要說：「請幫我一下忙。」

謝謝！

謝謝也是言字部，也是要我們常常說出來。如果人家幫你做完了事，要說聲「謝謝！」

對不起！

對不起三個字，我要分開來說，先說對，如果你事情做對了，你就不用說對不起；如果錯了，就要說對不起。再說不，做了不對的事，一定要說對不起。最後說起，起的意思是起而行，是馬上說。總之；做錯了事，要馬上站起來說：「對不起！」

「請」、「謝謝」、「對不起」，要經常掛在嘴邊。

這篇作文祇有二十八句，一百七十三個字。有它的缺點和優點；缺點是：解釋牽強、欠缺實例、內容空洞。優點是：綱舉目張、段落分明、自有見地。這不是本文論述的主題，恕不多贅。筆者所以不厭其煩地將這篇作文全部抄錄下來，是爲了要證明三件事：

第一、學生不是牧童：民國五十七年九月，創辦國民中學。民國六十年前後，即耳聞所謂「放牛班」這個輕蔑性的名詞。推其含意，是說某些學生功課太差，不是讀書的料子，祇配放牛。放牛的小孩，叫做牧童，是農業社會的產物，多屬貧苦人家的子弟，絕大多數目不識丁，證諸前舉賴生的作文，他（她）們是牧童嗎？

時至今日，我國將進入開發國家之林，由於農業機械化的結果，牛隻已日益稀少。根據去（一九八四）年「台灣農業年報」的資料，全台灣祇有十二萬九千八百五十二頭牛。台灣土地面積爲三萬五千九百六十一．三平方公里，平均每平方公里還看不到四頭牛。城市的學童早已與牛無緣，不知牛爲何物的學生，大有人在，遑論放牛。如果國民中學眞有所謂「放牛班」，則放牛班的學生高達百萬以上，平均八九個人放一頭牛，可成天大的笑話了。然而；截至目前爲止，仍常聽到「放牛班」這個不雅名詞的流傳，眞是咄咄怪事。

第二、學生不是牛頭：國中學生在操行方面的表現，容或有令人煩惱之處，例如：在校內，上課不遵守教室規則；在校外，上下車不遵守交通秩序等屬之。「牛頭」綽號之由來，可能起於不愉快之場合，筆者雅不願妄加臆斷，不過，罵學生是「牛頭」，實在是忒重了一點。何謂牛頭？地獄中的鬼卒是也。此一咒語，嚴重侮辱了學生的人格。

筆者濫竽教育界十有餘年，根據個人親身體驗，絕大多數的學生，本性是善良的。他（她）們偶會說錯話、做錯事，在你發自一片誠心的開導下，沒有不改過遷善的。這說明學生是人，具有人性，鬼不通人性，牠才不理你這一套哩。更有進者，筆者認爲身教重於言教，老師怎麼做，學生怎麼學。我們從前面所舉賴生的作文，即可看出他已明白做人的基本道理，祇要老師略加示範，一定可以獲致教學上的效果。

第三、學生不是考試的機器：近幾年來，升學競爭更趨激烈，學生考試的次數頻繁，課業負擔甚重，影響身心健康至巨。有心人士大聲疾呼要求改善，他們爲了支持自己的論點，因喻學生爲考試的機器。不旋踵間，有人用以戲謔學生，甚至有學生彼此用來揶揄對方，這恐怕不是有心人士始料所及的吧？

機器者何？由多樣機件組合，利用原動力而活動的裝置是也。是既無理性又無情感的東西。即以目前世界上最進步的「智慧」型機器人來說，也是不能與富有思考力、判斷力和創造力的人類同日而語的。更何況機器的答案，千篇一律；學生的答案，有個別差異。前舉賴生的作文，是機器人寫得出來的嗎？學生不是考試的機器，其理至明矣。

綜上所述，我們知道，十六年來，加諸學生頭上的綽號，每下愈況，一個不如一個。由最初的無知的「人」，繼而變成搗蛋的「鬼」，再繼而變成冷冰冰的「機器」。前二者指國中的學生，後者更涵蓋了整個的學生層面。平均每五年一個綽號。對於取綽號的人而言，如果是無心的話，尚可原諒；如果是有意的話，那就難邀諒解了。

最後，我們要特別指明的，學生既不是牧童，也不是牛頭，更不是考試的機器，學生就是學生，他（她）們的人格應予尊重。筆者殷盼我教育界同仁，幫忙學生用實際行動恢復本來的面貌。更希望由於牛年的到來，讓這些含有輕蔑的、侮辱的、不雅的名詞，隨著時光的流逝，一去不復返。

——原載七十四年四月路工月刊

看報百態

八月十八日，週末晚上，朋友聚在一塊聊天，談及看報的姿態問題。因爲時間關係，未能暢所欲言。爰作補充，撰「看報百態」於後：

邊看邊吃，邊看邊喝，邊看邊吸，邊看邊嗅，邊看邊唸。
邊看邊指，邊看邊敲，邊看邊拍，邊看邊眨，邊看邊逗。
邊看邊想，邊看邊戴，邊看邊穿，邊看邊繫，邊看邊拉。
邊看邊搖，邊看邊捲，邊看邊嚼，邊看邊談，邊看邊咬。
邊看邊議，邊看邊唱，邊看邊洗，邊看邊刷，邊看邊挖。
邊看邊咳，邊看邊舔，邊看邊捏，邊看邊剃，邊看邊餵。
邊看邊罵，邊看邊叫，邊看邊扭，邊看邊抖，邊看邊剔。
邊看邊彈，邊看邊弈，邊看邊吹，邊看邊寫，邊看邊畫。
邊看邊揉，邊看邊搓，邊看邊搗，邊看邊擘，邊看邊撚。
邊看邊剪，邊看邊貼，邊看邊傳，邊看邊擰，邊看邊推。

邊看邊走，邊看邊打，邊看邊摸，邊看邊擠，邊看邊聽。
邊看邊哼，邊看邊梳，邊看邊擦，邊看邊踏，邊看邊嘆。
邊看邊喘，邊看邊嗑，邊看邊刮，邊看邊舞，邊看邊踢。
邊看邊拖，邊看邊摺，邊看邊搜，邊看邊噴，邊看邊顰。
邊看邊睡，邊看邊背，邊看邊按，邊看邊轉，邊看邊搔。
邊看邊解，邊看邊扯，邊看邊丟，邊看邊釣，邊看邊騎。
邊看邊噴，邊看邊點，邊看邊握，邊看邊數，邊看邊吐。
邊看邊採，邊看邊檢，邊看邊抓，邊看邊甩，邊看邊搥。
邊看邊上，邊看邊下，邊看邊照，邊看邊吻，邊看邊脫。
邊看邊哭，邊看邊笑，邊看邊氣，邊看邊窺，邊看邊等。

以上所舉，僅是看報姿態的一部份，其他未列舉者尚多，即以所舉逐條演繹，千態有餘。拿「邊看邊打」來說吧，就有打嗝、打哈欠、打噴嚏、打哆嗦、打瞌睡、打蚊子、打蒼蠅、打蟑螂、打老鼠、打傘、打尖、打扮、打毛線、打辮子、打領帶、打電話、打拍子、打手勢、打哈哈、打情罵俏等二十種不同的姿態。

其他如看報時舞旗、舞棍；脫鞋、脫襪；等看病、等理髮；上台階、上一號等等，自是各異其態，不勝枚舉，恕不多贅。

至於課堂上學生的假讀書眞看報，社會人士的假看報眞想心事，其閃爍的態度，更可以說是「看報雙絕」了。

歸納言之；看報的姿態不外立姿、坐姿、臥姿、蹲姿、跪姿等五種，而後二者不常見，實際上也不過立姿、坐姿、臥姿三種姿態而已。

報紙的讀者分五等：一曰優等，看報時，不喜形於色，邊看邊想，思所以立德、思所以立言，思所以立功，是爲聖賢豪傑之看報。二曰上等，看報時，面帶笑容，態度從容，是爲上等人之看報。三曰中等，看報時，目擊到一些逞私行邪的新聞，邊看邊氣，是爲中等人之看報。四曰下等，看報時，目空一切，怨天尤人，破口謾罵，是爲下等人之看報。五曰劣等，在公共場所，一面看報紙，一面偷看女人的大腿，是爲登徒子之看報，斯爲下流矣！

最後，講兩則與看報有關的舊事，作爲這篇短文的結束。

民國三十七年六月間，我在武昌讀書，某一個週末，回到漢口家中，聽鄰居說：有一位不識字的中年人，坐在自己家門口，倒持報紙，專心披覽。一個小學生走到他的面前說：「伯伯，您報紙拿倒了。」他不慌不忙地答道：「我是給你看的呀！」這位先生的機智，好教人佩服啊。

同年冬，我在長沙從軍，賡即隨部隊調動，軍次南昌。我們在市區中心的百花洲辦公。每天日睹張努生將軍，不管是批公文也好，看報紙也好，都是正襟危坐，不稍苟且。這種功力，就不是一朝一夕所能做得到的了。

——原載七十三年十月成功之路

自嘆弗如

那天在課堂上，講適合中學生的正當休閒活動，計有體能性、學術性、娛樂性、藝術性、服務性等五項。講前兩項時，我分別舉例說明，並簡述其效益。因爲內容淺顯，學生一聽就明白了。於是我改變教法，要學生推派代表到講臺上來，就娛樂性休閒活動中的下棋，在黑板上一一列舉。但見吳生於同學們爭相提供「資訊」的情況下，在黑板上振筆直書：

圍棋、象棋、跳棋、梅花棋、孔明棋、七星棋、三國棋、智慧棋、陸軍棋、海軍棋、空軍棋、將軍棋、戰鬪棋、軍棋、三軍棋、隱形棋、暗棋、動物棋、虎棋、馬棋、獸棋、斑馬棋、棒球棋、西瓜棋、十二生肖棋、五子棋、萬箭棋、西洋棋、割豆腐、九子仙棋……等三十餘種。看得我眼花撩亂。

我知道的棋類，僅及學生的十分之一，在自嘆弗如之餘，暗自苦笑道：「後生可畏，來者勝今，老朽可以退休矣！」

PLUS財富

新年前幾天，收到各地親友及學生寄來的賀年片，展閱之餘，心中充滿溫馨。我欣然接受他（她）們的祝福。

唯有王輔羊老弟的一張卡片例外，他在祝福愚夫婦來年健康如意之後，加一句「Plus財富」，區區實在敬謝不敏。想我乃一介布衣，既沒有做官，又沒有經商，何來Plus財富的機會呢？

我命中註定沒有財運，三十年來，固然買過幾張愛國獎券，但是從未中過獎，全「愛國」了。去年底，臺灣省政府主席邱創煥先生，爲了消弭大家樂賭風，以壯士斷腕的決心，宣佈停止發行愛國獎券。我特地上街買了張一一七一期的愛券作紀念，照樣沒有中獎，也「愛國」了。

貓與狗

從前，我不喜歡貓、狗，尤其厭惡貓。

我憎惡貓的理由有二：第一、少年時期，貓常躺在戀人的懷中，構成我倆之間情感交流的障礙。第二、「貓來窮」的俗諺，深植吾心。

我憎惡狗的理由也有二：一是小時候，狗曾惡形厲聲的嚇過我。二是認定狗兒趨炎附勢。

貓司捕鼠，狗司看門，大有貢獻於人類。只因個人的一點小小芥蒂與成見，竟致深惡痛絕貓、狗，實在沒有道理。

民國五十六年，住在臺北市紹興南街的陳姓少女告訴我：那年春天，她家的一隻日本種母貓，在晚餐前，把飯桌上的碗盤，全部踢翻在地上。午夜蹲在屋頂「叫春」，吵得大家無法入睡，令人不能忍受。

若干年前，據外電報導：美國有一位高齡婦女，飼養了十多條狗。一天在餵食的時候，變生肘腋，不知何故，狗兒們獸性大發，群起圍攻女主人。可憐這位高齡婦女，就在牠們「脫序」的暴行下，提前上天國了。

這是兩個特殊的例子，其實；貓、狗和人一樣，有壞貓也有好貓，有惡狗也有忠狗，未可一概而論。

——原載七十七年四月十七日台灣新生報新生副刊

不亦快哉

其一、一九四八年夏秋之交，余隨申報駐武漢特派員周漢勳先生之後，進入漢口新舞台，聆聽胡適先生講演，不亦快哉！

其一、一九七一年盛夏，在一個艷陽高照的星期天，與同事、內弟、內子往金山海水浴場游泳，不亦快哉！

其一、平均每天有六分之一的時間，聽不到汽機車的噪音，聞不到汽機車排出的廢氣，不亦快哉！

其一、上理髮廳理髮，躺在沙發椅上，任由細心的理髮小姐修面、刮鬍，不亦快哉！

其一、看全球選美電視實況轉播，不亦快哉！

其一、拙稿見刊，不亦快哉！

其一、一九八三年春假，學校舉辦自強活動，余偕內子與同儕共遊阿里山，不亦快哉！

其一、一九八六年，陽明山國家公園徵求標語，余以「一根香煙頭，燒燬一山丘。」中選，獲獎金千元，一字百「金」，打破個人稿費最高紀錄，不亦快哉！

其一、一九八八年夏，在身心極度勞累之際，獲准自願提前退休，不亦快哉！

其一、一九八八年九月赴大陸探親，與拜別四十年的父親，小聚十餘日，暢所欲言，不亦快哉！

其一、一九八八年十月廿日至廿八日，旅遊北京期間，於廿一日中午十二時廿分，在內子及年輕的侄兒（廣州醫學院第二附屬醫院內科醫生）陪伴下，登上萬里長城，不亦快哉！

其一、在自宅客廳，與家人共看一部賞心悅目的錄影帶，不亦快哉！

其一、面對雨後青山，不亦快哉！

其一、讀清代曹雪芹撰「紅樓夢」，如品佳茗；讀法國大仲馬撰「基度山伯爵」（一譯「基度山恩仇記」），如飲咖啡，不亦快哉！

其一、一九九三年春，在台灣看到　父親一九四六年，於四川酆都用毛筆書寫的手迹，不亦快哉！

其一、一九九三年六月廿五日至七月十一日，余偕內子隨旅行團旅遊歐洲英、荷、比、法、瑞士、德、奧、義等八國，倫敦、阿姆斯特丹、布魯塞爾、巴黎、第戎、盧森、慕尼黑、維也納、羅馬、威尼斯、比薩、佛羅倫斯等名城，不亦快哉！

其一、一九五七年十二月十日，余駕駛美製¼T軍用吉甫車，好友張上尉坐余側座，鄭姓駕駛士坐後座。於屏東枋寮鵝卵石路面上，恣意疾駛，失控翻車，「痛」、「快」相參，不亦半快哉！

後記：余生也晚，去金聖嘆之時代，已三百餘年矣。物換星移，時空丕變，雖搜索枯腸，快樂事兒僅得其半，爰書寫如前，以證古今之異趣也。

——一九九五年一月八日鳳池記於中和市素雲樓

壘塊壘塊，不是塊壘

筆者疏懶成性，讀書不求甚解，遇有疑難，皆未加深究，總是大而化之，是以疑惑終必爲疑惑也。前偶閱劉義慶世說任誕，至「阮籍胸中壘塊，故須酒澆之。」句，始知自己把「壘塊」一詞，顚而倒之的用錯了。若從初中一年級算起，錯誤幾長達半世紀之久矣，好不愧煞人也。因自勉道：「以後讀書，切忌大而化之！」

·老師也瘋狂

近閱報載：國人把股票炒得很熱絡，成交値節節攀升，在世界股市中，已名列前茅。

股票市場，三教九流的人都有。據說有老師把考卷帶到證券行去，一面批改，一面聽漲跌停板。老師而淌股市的渾水，實在不「衛生」。

又據說：有位國小老師，在學生衆目昭彰之下，一面寫黑板，一面收聽股市行情，追逐金錢之熱烈，簡直到了「瘋狂」的地步。

前不久，有位周姓友人，寫過一篇「師說」的遊戲文章，首尾兩段是這樣的：

「韓公退之有言曰：『古之學者必有師，師者，所以傳道、授業、解惑也。』周子曰：今之學者亦有師，師者，所以傳資金投機之道，授股票炒作之業，解漲跌停板之惑也。是故無貴無賤，無長無少，錢之所存，師之所存也。……余嘉衆股友（尤指炒股票老師）能行今道，作師說以貽之。」

這篇文字，雖然算不得什麼妙文，而且還有仿冒之嫌，可是把當前向「錢」看的社會風氣，倒也刻畫得入木三分。閒話少說，言歸正傳。

「師者，人之模範也。」（見漢揚雄撰法言學行）「師也者，教之以事而喻諸德者也。」（見漢戴聖記禮記文王世子）「教師所要做的事，是要使得每個學生都有機會應用他自己的能力於有意義的活動。」（John Dewey: Democracy and Education, 1916.）由此可見老師地位之崇高，責任之重大。

又師古文作𠦝，（見康熙字典）要求教師的品德十全十美，毫無瑕疵。奉勸炒作股票的老師，就此住手，如果仍舊我行我素，建議您辭去教職，一心一意跑證券行，去過您Golden Calf的生活吧！

·想當然耳

十餘年前，一位同事的太太，和內子聊天。因為筆者和她先生有若干類似之處：例如年齡相近呀，同是卅年代來台灣的呀等等，她先生曾在大陸結婚生子，於是斷定筆者在大陸有元配。言外之意，筆者不老實，不像她先生那樣「坦白」。而事實如何呢？內子最清楚。

前天上理髮廳，一位基隆籍的髮姐跟筆者聊天，她肯定內子是「幼齒」。筆者不明白「幼齒」的意義，特別請她加以說明後，筆者坦白告訴她：我倆同年，我生在年頭，內子生在年尾，而且還是兩條「龍」哩。

可是筆者不知道她們的話，何所據而云然？

——原載七十九年七月十六日暢流半月刊

向開路英雄致敬

最近讀報，得知正在施工中的南迴鐵路，工程艱巨。工作人員，不避險阻，備極辛勞，令人欽佩！謹默錄二十年代老歌一首，表示個人對開路英雄們的崇高敬意。

「開路先鋒」

轟，轟，轟！
哈哈哈哈哈，轟！
我們是開路的先鋒。
轟，轟，轟！
哈哈哈哈哈，轟！
我們是開路的先鋒。
不怕你關山千萬重，
不怕你關山千萬重，
幾千年的化石，

積成了地面的山峰，
幾千年的化石，
積成了地面的山峰，
前進沒有路，
人事不相通，
是誰障礙了我們的進路，
障礙重重，
是誰障礙了我們的進路，
障礙重重，
大家莫歎行路難，
歎息無用，
我們，我們要引發地下埋藏的炸藥，
對準了它轟，
轟，轟，轟！
看嶺塌山崩，
天翻地動，
炸倒了山峰，

大路好開工，
挺起了心胸，
團結莫要鬆。
我們，我們是開路的先鋒，
我們，我們是開路的先鋒。
轟，轟，轟！
哈哈哈哈哈，轟！

這首長達三十三行的老歌，是抗戰前夕，我小時候在漢口聽唱片學會的。因爲它有振人心弦的力量，是我最愛唱的一首歌曲，希望大家也愛唱。

——原載七十三年八月路工月刊

附錄

「向開路英雄致敬」讀後

·林玉雪

讀了王鳳池先生的「向開路英雄致敬」（見本刊第四十九卷八期），不禁使我想起聶耳。聶耳死的時候，我們還未對日本正式抗戰，可是他那悲壯的歌曲卻在抗戰期間爲國人所肯定。尤其一首義勇軍進行曲，不特到處流行，甚至連遠在西半球的美國也家喻戶曉，根據民國三十二年八月十日上海大公報芸城短簡所載：「中國的義勇軍進行曲，現在已成美國婦孺皆知的一支歌，美國人稱之爲『起來』，有許多中學校，都在學習這支歌，美國著名的歌手梅爾頓（Malton）稱之爲聯合國中最好的一首戰鬥歌曲。」可知聶耳的作品，在外國已得了榮譽不算，連日後盤踞大陸的中共卻也認作「國歌」哩！

聶耳原名聶守信，民國元年出生於雲南省玉溪縣。四歲喪父，全賴寡母撫養。因具音樂天才，廿一歲就在北平任音專教授。後受聯華公司之聘，趦回上海，主持音樂事務。「開路先鋒」是聯華出品大路歌的插曲（按大路歌爲金燄及黎莉莉等主演），之後又創作畢業歌、揚子江、暴風雨等，音調雄偉，全國播唱，聲名大振。二十四年到日本，擬稍事逗留即赴歐洲作更高深的研究，不幸七月十七日午後二時，竟在日本海鵠沼海浴溺斃。（相傳聶耳那天入水不深，居然溺斃，日人嫉忌他的歌曲可能激奮國人抗戰，因而見死不救。）時年二十四歲。

這位偉大的國防歌手，經火化後運回雲南故土，卜葬於可以望見昆明全市景物的螺峰山上，並豎著一塊五尺高的墓碑，正面大書「劃時代音樂作曲家聶耳墓」十一個大字，背面刻著徐嘉瑞的墓誌銘。雲南省政府也特別在圓通公園裡最高的地方造了一個很秀麗的「聶耳亭」，亭上有聯云：

「酒罷客將歸一閣崢嶸斜照紫；

曲終人不見數峰香靄暮煙青。」

聶耳的曲子都是革命的足音，莊嚴的步伐，時代的靈魂，可惜他的一曲「起來」，被中共竊作「國歌」後，連他極少數的幾曲慷慨激昂的名作，都沒有人去唱了！

假若聶耳今日還健在，應該是七十有三，壽與國同；我在這裡有幀他初入聯華電影公司的舊照，當年在聯華的舊人如現在中視的陳燕燕應認得出來！

——原載七十三年十二月路工月刊

請勿在車內吸煙

據報載：省交通處及省新聞處刻正聯合舉辦「請勿在車內吸煙」海報設計比賽。

我喜歡坐火車，也喜歡火車上的乘客，惟對少數癮君子，在車內呑雲吐霧，危害乘客健康的行爲，表示遺憾。

省府舉辦是項比賽，深具價值，特不揣謭陋，撰打油詩一首，用資響應：

現代好國民，
愛己也愛群；
停車不呑霧，
行車不吐雲。

——原載七十五年九月一日暢流半月刊

第六輯　電視觀感

第八輯　書影驛感

電視觀感

拶指受傷部位為手指側面

十月廿七日晚八時，收看中視國語連續劇「梅花烙」第十一集，蘭公主（魯文飾）藉故用拶指處罰丫環白吟霜（陳德容飾），以致手指受傷，福晉（沈海蓉飾）用藥塗抹手指背部，顯屬錯誤。（當然不是沈海蓉的錯。）將創傷做在手指背上，似有欺騙觀衆之嫌。

按拶指（俗名夾棍）爲舊日酷刑之一種，用十枝小木幹，以繩索貫串其間，夾持犯人八個手指，（不含兩個大姆指。）且緊收之，使痛極招供。是知受傷部位爲手指側面，而非手指背面也。

——八十二年十一月十七日新生報

成語不宜「出奇制勝」

十二月四日上午八時半中視「出奇制勝」談到高雄市西子灣十八王公廟的歷史時，將肼手胝足念成胼手「抵」足，打出的字幕亦復如此，這是不對的。

正確的寫法和讀音是：胼手「胝」（ㄓ）足。其意義則爲：因時常勞動，手足上所生的硬皮（俗稱繭）。手上的叫胼；腳上的叫胝。

——八十二年十二月十二日新生報

新聞說錯字影響層面大

十二月十三日中視沈春華主持的晚間新聞，當報導一則營建新聞時，一位男性記者將罰鍰（音環）念作罰鍰（圓音）。（罰鍰就是罰款，古時犯人將金贖罪，用鍰來計數，故名。）

鍰之一字，不少人念錯，但作爲新聞記者，最好避免念錯，因爲影響的層面太大了。就台澎金馬地區而言，收視的人不下數百萬，其中有的是學生，以訛傳訛，不知將依於胡底。

——八十二年十二月二十六日新生報

必也正名乎

十二月廿三日下午七時，收看中視晚間新聞，當主播播報一則有關嬰兒的新聞時，不說國人聽得懂的「嬰兒」，而以英語「baby」出之。這是播報新聞，不是主持娛樂節目，很不恰當。

台澎金馬地區，沒有學習過英語的高齡長者，至少在百萬人以上，電視新聞的播報對象是中國人，不是外國人，希望電視新聞播報人員，要用中國語文播報新聞，不要用外國語文播報新聞，則國人甚幸，民族甚幸！

——八十三年一月九日新生報

詞彙不可顛倒使用

一月十八日十二時三十分，收看台視新聞，主播及該台駐東京記者，報導日本首相細川護熙：送國會審議的政改法案，如不獲通過，將辭去首相職位，決不「戀棧」，皆說成「棧戀」。

按「戀棧」一詞，言人貪戀祿位，猶駑馬戀棧豆（馬房的豆料）也。

——八十三年二月六日新生報

引用名句不錯為宜

二月六日中視「大陸尋奇」介紹蘇州、揚州等城市的名勝古蹟，主持人引用唐代大詩人李白七言古詩「將進酒」中的名句：「千金散盡還復來。」

可是她卻說成「千金散盡『復還』來」，打出的字幕亦復如此，雖然勉強可通，但總以不錯爲宜。

二月十二日中午十二時五十分，台視中國民間故事「雷老虎搶親」。劇中男主角雷老虎爲紈袴子弟，性喜漁色，家中已有嬌妻李小環尙嫌不足，復看中江湖賣藝女子，擬納爲小星。李小環大發雌威，數落丈夫「續絃」之不是。

俗以琴瑟喻夫婦，謂婦死曰「斷絃」，再娶曰「續絃」。今雷妻李女士尙在人間，納妾何可謂爲「續絃」（與弦通），希望編劇先生下筆時稍加留意。

——八十三年二月二十日新生報

梁相國言不符實

三月三日下午一時半，台視國語連續劇「新白娘子傳奇」中，許仙的兒子許仕林（葉童飾）爲梁相國所構陷，打入天牢，退休公職人員陳倫結合朝廷幾位忠臣，商議拯救許仕林出獄，而爲梁相國爪牙偵知，梁相國大發雷霆，謂陳倫等忠義之士爲「官商勾結」。

被朋輩形容爲無官一身輕的陳倫，何官「商」勾結之有？說成官「民」勾結還差不多。

——八十三年三月十三日新生報

佛教專有名詞不宜讀錯

三月十九日中午十二時五十分，收看台視中國民間故事「少林寺三十六房」，飾住持的演員將「般若」（音玻惹）念成「班弱」是不對的。

按般若一詞係梵語，譯曰智慧，或釋爲脫離妄想，歸於清淨，又「南無」（音拿模）亦係梵語，譯曰敬禮，度我等，如南無觀世觀菩薩。

——八十三年三月二十七日新生報

老師不會說國語有悖常情

四月七日下午一時，觀賞華視國台語連續劇「親情赤子心」，丁小龍的級任導師——年輕的胡姓女老師到丁家作家庭訪問，邂逅大陸籍的韋老伯，韋老伯講國語，胡老師講台語，如此對話，可謂荒誕不經達於極點。

台灣重回祖國懷抱後，政府推行國語不遺餘力，年齡大的人或某些行業的人不會說國語，尚可理解，作爲一位教育工作者的老師，竟然不會講國語，實在有悖常情，應予糾正。

又兒子跟說國語的父親講話，也用台語，更是莫名其妙，如此編劇，可以休矣。

——八十三年四月十七日新生報

請當局取締劣質廣告

近日內，從電視上看到一則促銷橘子的廣告，稱其產地曰「橘郡」，外加兩個英文Orange County，看了很彆扭。使人好像置身於二千二百多年前的嬴秦，或是歐美國家之中。

捨通俗易懂的「橘鄉」不用，偏要挑用掉書袋的「橘郡」，並且搞兩個蟹形文字搭配其間，充分地表露了崇洋尚秦的心態。

另外，建築商促銷房屋的洋名廣告，與產品毫不相干的裸體廣告，以及僞藥等等騙人的廣告，都上了電視。有關當局也該篩檢一下，做負責盡職的守門人，以免國人的心靈繼續受到污染。

——八十三年四月十七日新生報

錯誤何時了

四月廿三日台視中國民間故事「泥馬渡康王」，貴妃囑貼身丫環偕小王子先行逃走，自己不願受辱，準備與總管玉石俱焚，貴妃將玷（店）污念成玷（詹）污。

前此；四月十七日該台電視長片「蝶變」，旁白民不「聊」生，打出的字幕卻是民不「潦」生，錯得離譜。

時至民國八十三年，寓有社教重任的電影、電視，常用字詞仍不斷發生錯誤，職司電檢的官員，該盡點責任啊！

——八十三年五月一日新生報

移花接木欺騙觀衆

四月卅日中午十二時五十分的台視中國民間故事「陰陽情仇」，故事本身荒誕不經，且不說它。

就書生與女鬼吟詩部份言之，前面胡引兩句，後面接上杜牧詩句，歸結是杜牧寫的詩，如此移花接木的手法，造成對詩人的不敬，對觀衆的欺矇，不足爲訓。

茲錄杜牧原詩如后，以正視聽，詩曰：

自是尋春去較遲，不須惆悵怨芳時，

狂風落盡深紅色，綠葉成陰子滿枝。

詳見宋人計有功著「唐詩紀事」一書。

又該劇將「留得青山在，不愁沒柴燒。」的「柴」字，字幕打成「材」字，併此提出改正。

——八十三年五月八日新生報

混淆視聽莫知所從

五月十一日台視「強棒出擊」首先出現的是上海紅樓劇團的主要演員，螢光幕右方直行黑體字幕，介紹文字爲「粵劇」，下方橫排的楷書配音字幕則是「越劇」，不知就裡的觀衆，想必視聽爲之混淆，莫知所從矣。

按粵劇爲廣東地方戲曲；越劇爲浙江地方戲曲。後者之最大特色，演員俱屬女性，而當時所介紹者，正是蜚聲中外，上海紅樓越劇團也。希望台視今後改進。

——八十三年五月十五日新生報

導演不盡職拍出三流濫戲

六月四日台視民間故事「小鬼鬥殭屍」，所謂「小鬼」，其實是三個活潑的小孩子（一名女孩和兩名男孩）。劇中人物江湖賣藝的師父、道士、妓女金花等，都在對話中，說成「四個小孩子」，眞是活見鬼，推其原因，當係死背腳本、不知變通所致。

而最要不得的鏡頭，則是保安隊長與犯人，在牢獄中擲骰子賭博，教壞人家子弟。

總結言之，導演未能善盡責任，就個人所知，導演在指導拍戲時，隨時可以修改錯誤。明知其爲錯誤而不修正，有虧職守，如此導演，令人扼腕三嘆！

——八十三年六月十九日新生報

烈女做賊，編劇主謀

台視「俠義見青天」第一單元「胭脂債」，敷陳宋朝大俠展昭與貞烈女子瑩瑩一段淒美的愛情故事。

「胭脂債」一共七集，前六集劇情發展正常，第七集結尾，編劇突來驚人之筆，安排瑩瑩臨終前抱病觀賞元宵花燈後，順手牽羊偷取路邊小攤上的一個假面具，和一隻小孩玩的搖搖鼓。

人之將死，其言也善，其行也端，筆者不敏，編劇何以要畫蛇添足，在此劇結束之際，安排烈女作賊的鏡頭？社會風氣之敗壞，此等編劇與有「辂」焉！

——八十三年七月三日新生報

希望主事者做點事

最近在電視螢光幕上，經常出現某公司的美容廣告，有幾名本國年輕女子，於搔首弄姿之後，由其中一名女子，裝模作樣地用洋涇濱的英語說：Trust me, you can make it. 聽了就討厭！

廣告的對象，到底是中國人呢，還是外國人呢？國人的崇洋心理不去，則民族自信心永無建立之時，希望主事者在食俸祿之餘，也做點事。

又七月二日，收看台視民間故事「雙英節烈」，老和尙對徒弟說：「有酒食先生饌。」字幕打成有酒「肆」先生饌。併此提出更正。

——八十三年七月十日新生報

日軍暴行永矢弗諼

七月七日下午一時三十分，收看華視「為民族自由而戰」，由台大包宗和教授主持。中研院許倬雲院士、台大陳鵬仁教授、及戰略專家王澄宇將軍，應邀參與七七的歷史回顧與探討。

許倬雲院士曾提及抗戰期間小學課本說：「台灣糖，甜津津，甜在嘴裡苦在心。」茲就筆者記憶所及，接誦如下：「……『痛』在心，甲午一戰我軍敗，結果台灣歸日本。」

近百年來，日本帝國主義者，一直爲禍中國，尤其是「八年抗戰」，雖時逾半世紀，記憶猶新，血淚往事，歷歷如在眼前；日軍屠殺我同胞，姦淫我婦女，燒燬我房舍，掠奪我財物，其瘋狂暴行，令人髮指。

今天中國大陸之「酷」，台灣之「亂」，要皆日本侵略餘毒所衍生後遺症，同胞其猛省乎！

——八十三年七月廿四日新生報

引用古詩勿讀錯字音

七月七日中視「大陸尋奇」主持人介紹新疆伊寧（舊名寧遠）美麗風光，曾引用唐代詩人孟浩然五言律詩「過故人莊」中的：「綠樹村邊合，青山郭外斜。」兩詩句，將「斜」字讀成「協」音，是不對的。

按「斜」字在此詩中係韻腳，爲了叶韻，應讀爲「霞」才對，茲抄錄原詩如后，即見分曉，詩曰：

故人具雞黍，邀我至田家，綠樹村邊合，青山郭外斜。開軒面場圃，把酒話桑麻，待到重陽日，還來就菊花。

——八十三年八月十四日新生報

名句應正確引用

九月三日中午，收看台視中國民間故事「倩女魅影」，敷陳女鬼鄭彩嬌復仇的故事。女鬼曾對男主角陳文生提及家中財物事，字幕打成「財務」。又陳文生曾經引用文天祥絕筆詩句：「讀聖賢書，所學何事？」說成「何用」，併此改正。

茲錄原詩如后，藉供參考，詩曰：

孔曰成仁，孟曰取義；
惟其義盡，所以仁至。
讀聖賢書，所學何事？
而今而後，庶幾無愧！

——八十三年九月十八日新生報

國劇傳承文化厥功至偉

多年以來，三家電視台均有國劇節目的播出，分別是每星期一下午三時，中視魏海敏小姐主持的「國劇大展」；星期二下午二時半，台視王海波小姐主持的「戲曲你我他」；星期四下午二時半，華視朱勝麗小姐主持的「戲曲精華」。

三位主持人俱屬行家，魏海敏小姐的沈穩、王海波小姐的明快、朱勝麗小姐的生動介紹，使吾人對戲劇的內容，有清楚的瞭解，尤其是王海波小姐，每次在播出前念的定場詩：「徽漢合流，皮黃並奏；生旦淨丑，細說從頭。」更是將國劇的源流、曲調的類別、角色的分配等等，作出概括的提示，使觀衆不致茫然無知。

國劇寓教於樂，傳承忠孝節義的中華優良文化，有變化氣質，淨化人心之效，是一個高水準的節目，而且老少咸宜，過去已播出許多好戲，成績斐然。兩岸既通之後，大陸劇團相繼來台獻唱，演員皆一時之選，表演精彩，觀衆大飽眼耳之福。印象最深刻者，有「徐九經升官記」、「春草闖堂」等戲劇，頗具潛移默化之功。

當前島內，聲色場所，不良書刊充斥，誨淫誨盜，致使社會風氣澆薄，人心糜爛。吾人所以不厭其詳的推介國劇，冀望國人（尤指青年）多多欣賞國劇，經常浸潤於忠教節義的中華優良傳統文化之中，庶幾化干戈爲玉帛，化戾氣爲祥和。

——八十三年十一月二十日新生報

老祖宗的「湯圓」絶非源自日語

本月十一日，華視「江山萬里情」以「湯圓」爲申論題，謂「湯圓」一詞，源於台省同胞對日語「だんご」發音錯誤所致。此一說法，不但荒誕不經，而且造成對先民的不敬，對觀衆欺矇，不足爲訓。

元宵，俗稱「湯圓」。相傳始於春秋末期，唐、五代時稱「麵繭」、「圓不落角」，宋時稱「圓子」、「團子」。宋代並將湯圓作爲市中珍品。茲舉南宋姜白石詩爲證，詩曰：

貴客鉤簾看御街，市中珍品一時來；
簾前花架無行路，不得金錢不肯回。

湯圓外形「團團圓圓」，故逢喜慶或親友遠別多食之，取「團圓」之意。台灣民謠有「呷罷湯圓好團圓」之句。（按一般區分無餡者爲元宵，有餡者爲湯圓。）

——八十四年二月廿一日民生報

旁白應儘量避免錯誤

三月四日下午二時四十分，收看華視製作的第二百集「海棠風情」節目，旁白先生在介紹湖北省均縣南方道教聖地武當山時，簡述道觀（音灌）滄桑，將修葺（氣）念成修葺（迷）。又在介紹原籍湖南的何志中夫婦，由台灣返回故鄉創辦私立僑聯中學時，將同行（杭）念成同行（形）。

按葺之一字，有多重意義，詞性亦異。茲舉二例如下：一、「葺屋」是名詞，指草蓋的房子。二、「修葺」是動詞，指修理房屋。又百工技藝所執之業曰行（杭），何氏夫婦共同從事教育事業，是知爲同行（杭），而非同行（形）。

——八十四年三月十二日新生報

電視新聞主播勿念錯常用詞

三月廿九日，收看台視晚間新聞，當播報一則茶葉的消息時，這位男性主播將茶葉的品質參（岑陰平）差（音雌）不齊，念成參（餐）差（叉）不齊，吾人深感遺憾！

希望李主播加把勁，常用字詞不要再念錯了。

——八十四年四月七日新生報

部隊單位順序「強棒」弄錯了

上月卅日下午六點收看台視「強棒出擊」，第二單元爲「每天送兩萬」的挑戰節目。其中有一道題目問部隊中「旅」的次級單位是什麼？答案竟是「營」，這是錯誤的。

按我國部隊編制，由上至下爲軍、師、旅、團、營、連、排、班。「旅」的次級單位是「團」才對！

——八十四年六月三日新生報

「每日一字」也出錯應改進

五月卅日晨六時五十五分，收看華視李艷秋小姐主持的「每日一字」節目，當天介紹的是一個「會」字。

李小姐謂「會」字共十一劃，經筆者查證康熙及辭海等字典，均爲十三劃，希望華視負責教學節目部門改進。

——八十四年六月十一日新生報

配樂曲名與畫面不符，華視將改進

本月十六日，上午八點左右，收看華視由陳月卿主持的「早安今天」。當放映太極拳基本動作的畫面時，播放的音樂卻是國樂「病中吟」，教人聽了啼笑皆非。希望該台改進。

華視「早安今天」答覆：背景音樂部分係與唱片公司簽約，由已取得版權的曲樂中挑選使用，負責談版權的單位只提供了樂曲的編號，並未列出曲名，因此只要感覺和單元內容相襯，製作單位便採用，並未注意曲名叫「病中吟」。日後「早安今天」會注意並改善。

——八十四年六月廿一日民生報

常用字盼勿念錯以免鬧笑話

九月二日，收看台視中國民間故事「替身」，描述包公揭發官場黑暗，拯救無辜事。劇本甚佳，惜乎若干情節有違常理，如包公假扮獄卒，混入某縣大牢辦案，乃爲不可能之事，希改進。

又其他部份演員，念錯別字的不少，如飾演師爺刁五六者，將熟稔（音忍）念成熟稔（音念），玷（音店）污念成玷（音占）污；老夫人張劉氏將囫圇（音羽）念成囫圇（音吾），建議沒有把握的字，就查字典，庶幾免於錯誤。

——八十四年九月十日新生報

國慶晚會應打字幕

十月十日晚八時，收看三台聯播「八十四年國慶晚會」，欣賞之餘，提出兩點意見，供有關單位參考：

一、閩南語歌曲及國語歌曲，間隔安排，連續演唱閩南語歌曲或連續演唱國語歌曲，令人厭煩，皆非所宜。

二、由國劇名伶魏海敏等演唱的「慾望城國」，沒有字幕，唱些甚麼，說些甚麼，全不知道，效果大打折扣。希望今後演出類似節目，能予改進。

——八十四年十月十五日新生報

不說國語罰錢，咎不在政策

十一月十三日晚上九時，收看中視由崔麗心、趙樹海主持，韓國瑜、盧修一兩立委參與的「飛越姍海關」節目。討論主題爲「省籍情結是競選的萬靈丹嗎？」因爲觀衆程度參差不齊，Call in 談及與省籍毫不相干的小學時代不說國語被罰錢的事，有人歸咎國家的政策錯誤，這是不對的。

按說國語運動，為國之大老吳敬恆先生等所倡導，政府通令全國施行，前在大陸行之有年，初見成效，卅四年台灣光復，日人遣送回國，大陸軍民相繼來台，一時無共通語言，乃積極推行國語，用能溝通民族情感。

當年小學生不說國語被罰錢，乃是執行上的偏差現象，咎不在政策，謹簡單陳述如上，希望國人瞭解。

——八十四年十一月二十六日新生報

附錄：碧英撰稿

前朝宮中後代文物

六月七日下午，收看台視王海波主持的國劇節目「白帝城」下集，演出火燒連營、趙雲救駕、劉備托孤三齣戲。當第一齣戲劉備托孤啓幕時，但見戲台背景豎立一副屏風，上面寫著密密麻麻的文字，仔細端詳內容，竟是晉朝陶淵明的桃花源記，眞是咄咄怪事。

蜀主劉備於西元二二三年病逝白帝城永安宮（故址在四川省奉節縣東白帝山），後一百四十九年，陶淵明方出生，前朝宮中出現後代文物，實在說不過去，希望負責演出的先生稍加留意。

——八十三年六月十九日新生報

常用字不該念錯

六月七日，晚上九時半，收看華視「江山萬里情」。介紹福建西南方該村的一種特殊建築——圓形房屋，當說到房屋裝飾時，將鑲嵌（千）念成鑲嵌（堪），是錯誤的。

同日上午八時台視新聞主播是新面孔，當她播報有關物價新聞時，將躉（敦上聲）售念成躉（萬）售，顯然念錯了。

甚麼叫做「躉售」呢？簡單地說：就是大量發售商品，作爲新聞播報員，應避免念錯，因爲影響層面太大啊！

——八十三年六月廿六日新生報

翻譯不宜生吞活剝

中視日劇「阿信」中，米店長女加代出走；次女小夜玉殞，阿信趕往弔唁，老板娘說：家中沒有「士氣」，希望阿信留在她家幫傭，恐爲「生」氣之誤。

又阿信出師，另立門戶，遷入新家，朋友分贈家具。某女士將「家」具說成「道」具，與我國習慣稱謂不合。

「道具」一詞，本佛家語，凡三衣什物，資助一切學道之具，皆曰道具。按日本稱一切器具爲道具，即用佛家語也，希望負責翻譯的小姐先生，儘量譯成我國習慣用語較妥。

——八十三年八月廿八日新生報

必也正名乎

八月廿八日中午，收看中視「歡樂大聯盟」，主持人許效舜在介紹糖葫蘆時，稱它是葫蘆糖，是錯誤的。

按糖葫蘆是用山楂的果實，和以沙糖漿製成，七十七年十月廿日，筆者偕外子旅遊北京時，曾買來吃過。

又同日下午六時半，收看該台「大陸尋奇」，主持人將褪(呑去聲)色念成褪（退）色，希望改正。

——八十三年九月十一日新生報

旁白應儘量減少錯誤

九月八日下午四時，收看秦慧珠主持的「人間芳華」第二集，共分三個單元播出：一、神采飛揚，二、暖暖小集，三、不可不知。

旁白小姐在第一單元中，介紹龍潭時，將從不乾涸（禾）念成從不乾涸（固），又在另外單元中，將曲高和（賀）寡，念成曲高和（河）寡，較（叫）差念成較（交）差。

又節目似有拼湊之嫌，希望一併改進。

——八十三年十月九日新生報

年表

年次		記事
一九二八	二月二十二日出生	隨父母寄寓漢口市。郵局發表全國人口共四億八千五百萬。
一九二九	二　歲	在漢口市。孫中山先生奉安大典禮成。京、滬、漢航空開始營運。
一九三〇	三　歲	在漢口市。考試院成立。我國關稅自主。臺灣原住民反日抗暴。
一九三一	四　歲	在漢口市。武漢大水成災。日軍發動九一八事變，強佔我東北。
一九三二	五　歲	在漢口市。一月廿八日，上海日軍夜襲閘北，我軍抵抗，是爲一二八之役。
一九三三	六　歲	在漢口市。日軍攻據山海關。未久又佔承德，據熱河，進攻華北。
一九三四	七　歲	在漢口市。正式接收山海關。全國經濟委員會成立農村復興委員會。
一九三五	八　歲	隨母親回故鄉王家堰角。與二弟蒲生從叔公念私塾。
一九三六	九　歲	念私塾。粵漢鐵路全線通車。
一九三七	十　歲	念私塾。日軍發動七七事變。日軍在南京屠殺三十萬人。
一九三八	十一歲	舉家隨父親供職的陸軍四十九後方醫院西遷。插班宜昌三斗坪國民小學

一九三九　十　二歲　二年級。

一九四〇　十　三歲　隨父母入川，轉學萬縣新開田小學二年級，學期成績獲全班優等第一名。

一九四一　十　四歲　隨父母西遷，轉學酆都縣立高家鎮國民中心小學肄業。

一九四二　十　五歲　繼續在酆都縣立高家鎮國民中心小學肄業。

一九四三　十　六歲　小學畢業。投考長壽國立第十二中學初中部落榜。

一九四四　十　七歲　考取長壽國立第十二中學初中部。

一九四五　十　八歲　參加青年軍未獲批准。寒假作業第一名，獲獎金一百元。蒲生弟考取十二中初中部。

一九四六　十　九歲　初中畢業。考取同校高中部。抗日戰爭勝利，光復臺灣。

一九四七　二　十歲　隨學校復員至武昌，學校更名湖北省立武昌第一中學，繼續享受公費待遇。

一九四八　二十一歲　在省立武昌第一中學高中部住讀，每周末回漢口家中一次。

一九四九　二十二歲　高中畢業。在漢口聽胡適先生演講。十二月十日在長沙從軍。

一九五〇　二十三歲　軍次南昌、贛州、汕頭等地。調升十九軍通信營委二書記官。十月駐守金門。

駐防舟山、岱山。五月廿日隨部隊來臺灣，軍次宜蘭。十一月十七日調防金門。

一九五一　二十四歲　考取陸軍官校廿四期，接受軍官養成教育。習德文。劉克波南來聚晤。

一九五二　二十五歲　筆記比賽第一名。獲選模範生，與校長、教育長同桌進餐。

一九五三　二十六歲　軍校畢業，分發十八軍任少尉見習官、中尉排長。

一九五四　二十七歲　軍次屏東，讀《莎士比亞全集》。處女作《維納斯之誕辰》見刊青副。家信被軍部沒收，記大過一次。

一九五五　二十八歲　任第七軍幹訓班無線電報務士官隊第一區隊區隊長，嘉獎一次。

一九五六　二十九歲　軍次屏東，任第七軍中尉報務官。軍次臺北，任工程大隊第三中隊分隊長。

一九五七　三　十歲　軍次臺北，考取汽車駕照。獲嘉獎二次。與春暉、李美利合著《淺草集》。超速翻車，記大過一次。

一九五八　三十一歲　軍次景美，獲嘉獎三次。忝列現代派，參加詩人楊喚逝世四週年追思會。

一九五九　三十二歲　在臺北市有線電大隊部任助理作戰訓練官。奉准假退役（傷病甄退）。

一九六〇　三十三歲　正式退役。赴臺南劉克波之約，共度中秋節。於臺中市會見劉載福。

一九六一　三十四歲　在景美租屋閑居。與王新陽合夥開麵館，王因違反票據法入獄被迫歇業。

一九六二　三十五歲　在臺北市做麵攤幫手、工廠包麵條工人。特考甲種普通行政及格。讀《中國文學發達史》。

一九六三　三十六歲　祖母無疾而終。任高雄市新興區公所委一戶籍員。因寫詩獲罪，七月十六日遭警總扣押，裁定感訓三年。

一九六四　三十七歲　讀《世界史綱》。在土城生教所。劉載福自臺南來所探監。

一九六五　三十八歲　在土城生教所。周漢勳律師來所探監。讀《白居易評傳》、《雪山盟》。

一九六六　三十九歲　任生教新聞副總編輯，獲嘉獎一次，獎金五十元。十二月十七日，重獲自由。

一九六七　四　十歲　考取世界畫刊編輯，後因病辭職。任臺北市周漢勳律師事務所書記。結識陳素雲。

一九六八　四十一歲　中學教師檢定及格，在師大接受職前教育。復任高市公職，旋請辭。任臺中縣東新國中教師兼導師。

一九六九　四十二歲　與碧英在苗栗公證結婚。讀唐詩。購《英漢四用辭典》。

一九七〇　四十三歲　調臺北縣立瑞芳國中任教師兼導師。購《辭海》一部。讀《貝多芬傳》。

一九七一　四十四歲　叔父去世。讀《詩經》。購大同牌廿吋電視機一台。碧英住基隆市黃婦產科診所。

一九七二　四十五歲　讀《三國演義》、《聊齋誌異》、《愛彌兒》等書藉。

一九七三　四十六歲　讀《春秋左氏傳》、《莊子》、《水滸演義》、《基度山恩仇記》。

一九七四　四十七歲　母親去世。撰《水果組曲》。讀《紅樓夢》。

一九七五　四十八歲　在國立臺灣師範大學公訓系研五期接受在職教育。於中和市購置三樓房屋一層。

一九七六　四十九歲　孀母去世。讀《新舊約全書》。

一九七七　五　十歲　暑假搬回中和市自宅住卅八天。任暑期輔導課。

一九七八　五十一歲　擔任三年級級導師。獲臺北縣政府頒發四維獎章、行政院頒發服務獎章。

一九七九　五十二歲　讀《易經》、《老子》、《禮記》、《中國通史》、《飄》、《愛迪生傳》。

一九八〇　五十三歲　岳母病逝。周漢勳律師病逝。讀《蘇東坡傳》。香港讀者文摘要求轉載趣譚《度周末》。

一九八一　五十四歲　讀《浮士德》、《金剛經》、《文心雕龍》。

一九八二　五十五歲　讀《城南舊事》。八年前撰稿《水果組曲》投寄青年世紀發表。

一九八三　五十六歲　還清購屋貸款。參加學校自強活動，旅遊阿里山。

一九八四　五十七歲　讀《滾滾遼河》。收到香港讀者文摘轉載趣譚《六一二》稿費四百元。

一九八五　五十八歲　父親雙目失明。請辭導師職務，專任教師。

一九八六 五十九歲 陽明山國家公園徵求標語中選，獲獎金千元。結識張漢南。

一九八七 六　十歲 《龍年訪問記》於本年三月十九日初稿，修改十七次，翌年三月十八日刊華副，獲稿費四千五百元。

一九八八 六十一歲 獲臺北縣政府頒發優良教師獎金二千元、行政院頒發服務獎章。申請提前退休，第一次回大陸探親。

一九八九 六十二歲 讀《中國哲學簡史》。三月呂紹貴、楊承祖來舍聚敘。十二月呂紹貴學長猝逝。

一九九〇 六十三歲 始撰古詩。第二次回大陸探親。購置中文版《大英百科全書》一套。

一九九一 六十四歲 父親去世。參加中華日報作者聯誼茶會。領戰士授田證補償金十萬元。

一九九二 六十五歲 參加中央日報作者聯誼茶會。讀《毛澤東詩詞全集》、《阿Q正傳》。

一九九三 六十六歲 赴歐洲旅遊。初晤秦家鼎，獲見父親遺墨。

一九九四 六十七歲 編纂《哀思錄》分寄至親。中和市衛生所檢驗作者有高血壓、碧英患糖尿病。

一九九五 六十八歲 堂弟康平病逝。文經出版社寄贈《歸來的軍刀》二冊與《目擊撞機》轉載費。

一九九六 六十九歲 讀《曉雲》、《包法利夫人》。裝接有線電視。

一九九七 七　十歲 香港回歸。七七抗戰六十周年。《素雲樓圖文集》出版。

附錄 信函二十二件（以收到先後為序）

一、前國立第十二中學校長前立法委員陶堯階先師函

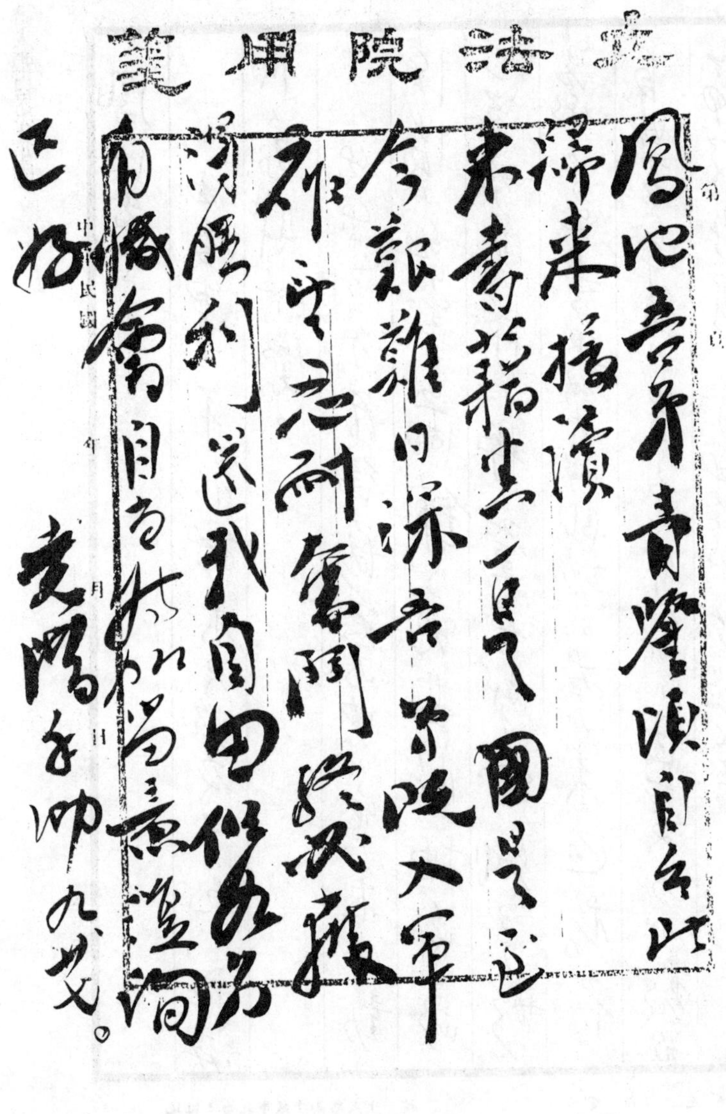

幼獅文化事業股份有限公司用箋

鳳池先生：

由自由青年社轉來大作及華札，拜讀之餘，至感快慰。

先生之有詩律動美曲，寫來生動活潑，如常萬鍊，尤其將抽象的心境予具體，將靈魂的意識賦予形象，這是很大的成功。本來應想在自由青年上，發予介紹，因為受字數和篇幅所限，不能暢所欲言了！

自由青年新詩園地，目前是由主編先

地址：台北市延平南路七十一號　電話：二五八六五

幼獅文化事業股份有限公司用箋

先生：撥冗分別送由多寧詩朋友，輪流閱稿，下次不給看那信兒女，因此，小只得將大作交由青年社分送給下月的先生看。請原諒！

述先常常看過您的大作，因先生對您的筆名也很熟悉。我隨函附上拙作「破鈴」一冊，閱後請給先生評評，那幾首好，那幾首最差以便參考，我很歡迎直言不諱人快語的朋友！祝您

詩安！

弟 張自英 上

十、廿八、

電話：二五八六五　　地址：台北市延平南路七十一號

三、香港讀者文摘中文版編輯部函

讀者文摘
Reader's Digest

敬啟者

本刊擬轉載由公端所撰，刊登於一九八○年九月十六日中央日報副刊之短文一篇，隨函附上該文影本一份供參考。尚盼來函賜告文中提及之「吳老師」真實姓名及曾任教學校校名及地址。擾瀆處謹此致謝。

此致

王鳳池 君

Reader's Digest Chinese Edition
讀者文摘
中文版
編輯部
EDITORIAL DEPARTMENT

謹啟

一九八○、十一、十一

香港灣仔洛克道一九四至二○○號東新大廈八樓
電話：五－七四九二○○　電報掛號：DIGESTEDIT

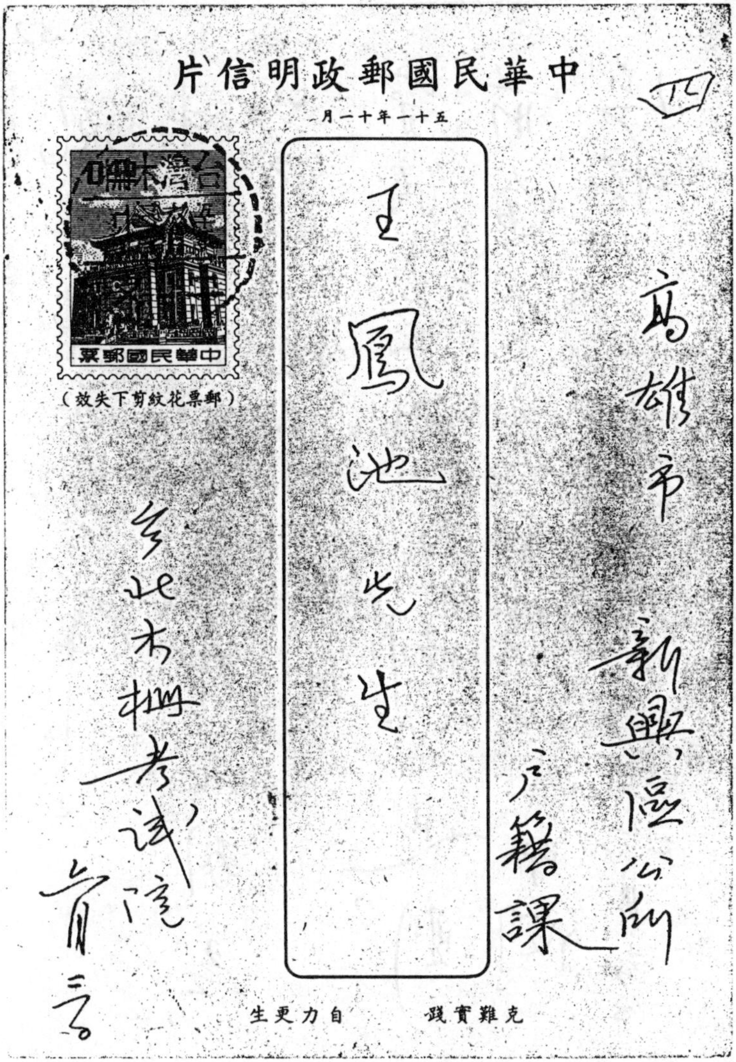

中華民國郵政明信片

五十一年十一月

中華民國郵票

（郵票花紋剪下失效）

高雄市新興區公所
戶籍課

王
鳳池先生

台北木柵考試院
肖言

克難實踐　自力更生

四、考試院前考試委員成惕軒先生明信片

52

鳳池鄉兄頃接
來函，知已由武漢派到美，
至以為慰。今後請
守法盡職，力圖上進，則
前途定益光明也。即問
近好。

惕軒敬啟 六月三日

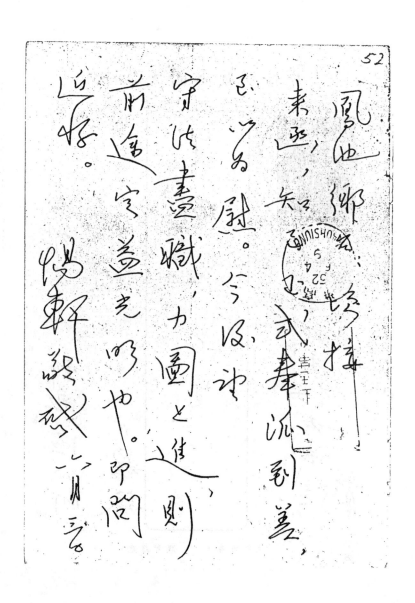

五、生教新聞前總編輯朱慰儒先生函

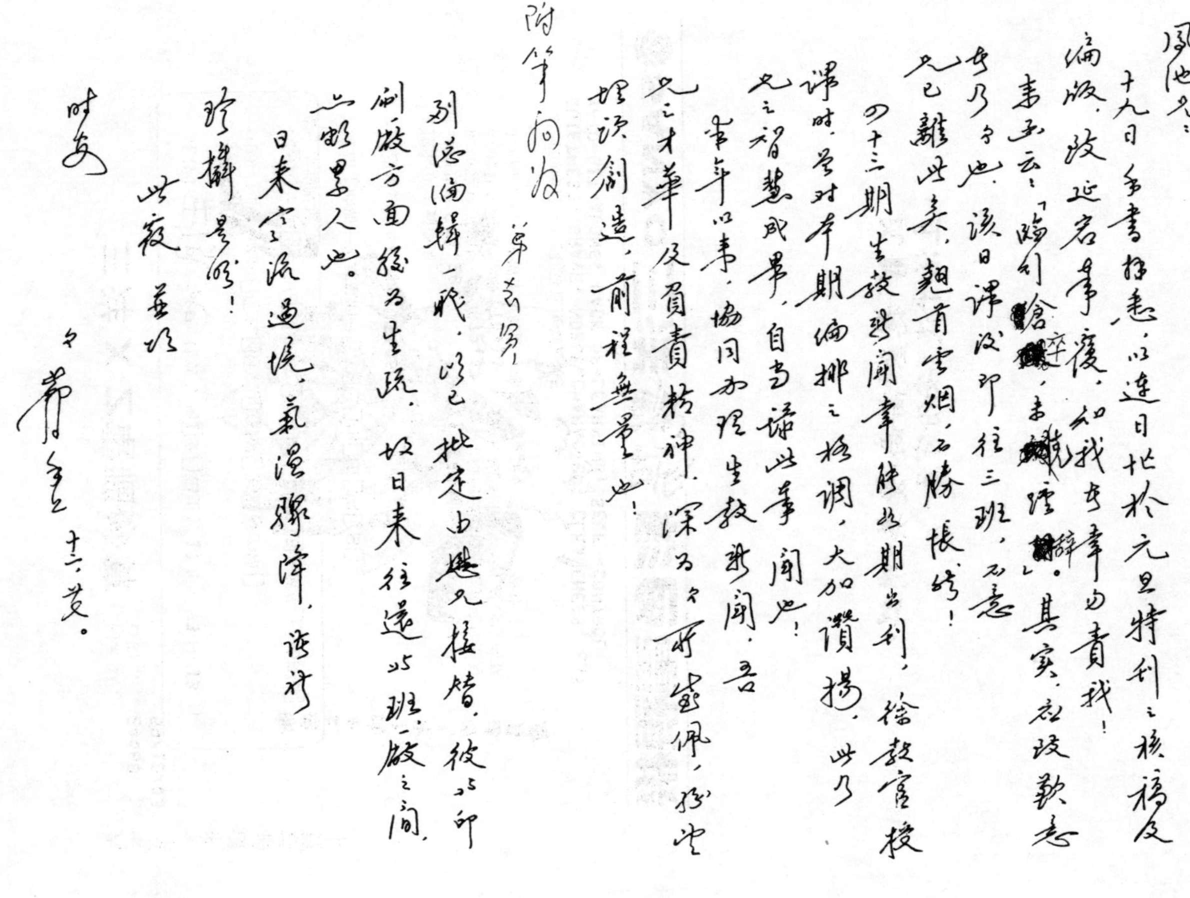

風池兄：
十九日手書拜悉，以連日忙於元旦特刊之核稿及編版，致延答手復，知我者當責我！來函云：「臨別倉卒，未獲握辭」。其實，亦致歉意者乃弟也。該日課後即往三班，不意兄已離此矣，翹首雲烟，不勝悵然！
四十三期生教新聞幸能如期出刊，經教官校課時，曾對本期編排之格調，大加讚揚，此乃兄之智慧成果，自當歸此事聞也！半年以來，協同辦理生教新聞，吾兄之才華及負責精神，深為人人所欽佩，猶望堅決創造，前程無量也！
附筆問候 弟長賢！
別後編輯一職，昨已批定由姚兄接替，彼以印刷廠方面較為生疏，故日來往還於班、廠之間，亦頗累人也。日來寒流過境，氣溫驟降，諸祈珍攝是盼！此覆 並頌
時安
弟 [illegible] 十六夜。

六、三洋X-Z電腦妙算卡

三洋 X-Z電腦妙算

編號： 24668
日期： 59/12/03

姓名：王鳳池 性別：男1女□ 出生：17年 3月 13日

您喜愛的[illegible]及花

（甲）①白[illegible] ②黑□ ③紅□ ④綠□ ⑤黃□ ⑥[illegible]6 ⑦紫□

（乙）①薔薇□ ②菊花□ ③茉莉花□ ④[illegible]花□ ⑤蘭花5 ⑥蓮花□ ⑦杜鵑花□

您一天的飯量 6 碗

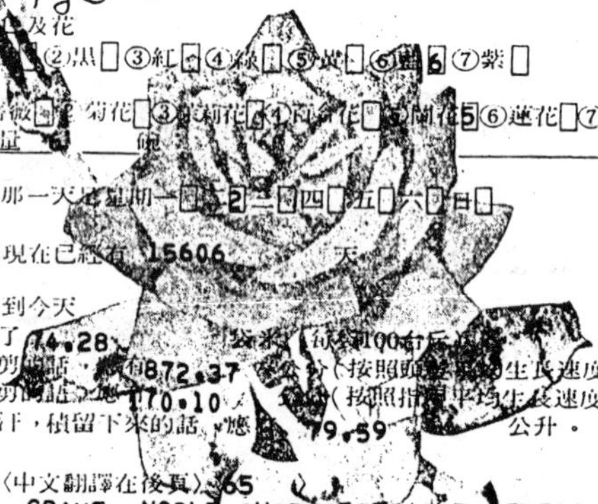

1. 您出生的那一天是星期一□ 二2 三□ 四□ 五□ 六□ 日□

2. 您出生到現在已經有 15606 天

3. 您從出生到今天
   a. 總共吃了 14.28 [illegible]袋米（每袋100台斤）
   b. 頭髮不剪的話，應有 872.37 公分（按照頭髮[illegible]生長速度推算）
   c. 指甲不剪的話，應 170.10 [illegible]（按照指甲平均生長速度推算）
   d. 所流的汗，積留下來的話，應 79.59 公升。

4. 您的個性（中文翻譯在後頁） 65

QUIETNESS, GRAVE, NOBLE-CHARACTER, CLEANENESS, EASY-TO-GET-ALONG, LACK OF-LEARNING, SELF -CONTROL

請憑本卡編號對號領過月曆

SANYO 三洋艷陽彩色電視機

沈靜，穩重，高尚，愛美，樂群，
生活平淡，安份守已。

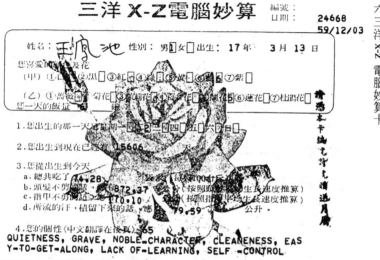

七、學生劉淑美函

掬水軒食品廠股份有限公司

老師
師母：您好！

前信得知師母身子欠安，心中甚是掛慮，理應早點去信問候，却因近日的生活變動很大，以致心情一直無法穩定下來，才拖延至今，懇請諒解。也希望師母您凡事勿太過操勞了。

去年底父親辭去旅行社的工作，回到東勢電信局上班，忙碌是電信的特質，常言道，忙碌的生活好過，確實如此。

人長大了，難免有許多煩惱事，不再是以前的黃毛丫頭，無憂無慮的了。

當年的小女孩，如今長大了，您倆可還憶得模樣兒，附上近照一張，讓您倆瞧瞧，變了沒？謹此

敬祝

安康！

學生 淑美 敬上

六十五年一月二十日

P.S. 盼知老師府上住址。

(63. 12. 2,000)

地址：台北市仁愛路二段八十二號

電話：三二一六三六三（四線）

八、中央日報副刊前主編孫如陵先生的字真跡

No.

趣譚上路　　為成

一月十五日，與七歲的小孫女，一起拜讀中副主編仲父先生的大作「趣譚上了路」。

小孫女問：「爺爺，趣譚既不是人，也不是動物，怎麼能上路呢？」

我說：「趣字會『走』，譚字會『言』，當然能上路囉。」

謝謝！

編者

賜示處：瑞芳三爪子坑路69巷26之1號王鳳池

武汉市黄陂县蔡栢镇建筑公司五金建材商店

大哥大嫂：

昔闻刘先生回大陆探亲，并通知我与其会面，心情万分激动。首先应志谢刘先生于百忙之中不辞辛劳奔波，专程到至家乡前探问。因我们已迁至黄陂居住，所以刘先生颇费周折才找到我。我们有千言万语，真不知从何谈起！

你走之后只从香港寄回一信，父亲回信后至今便无音信，已近四十年矣！父母及我们均时相思念，母亲于十年前去世，临终犹呼"德海"！父亲欲

武汉市黄陂县蔡榨镇建筑公司五金建材商店

随我在花妃居住，今年九十有三。但双目失明，饮食起居均需人扶持，但头脑非常清醒，对子侄也均在念中。

二哥现在广州市中医医药学院任教，嫂嫂也于今年去世，只有一个男孩，大学毕业后也在该学院工作。大姐现在沈阳，已退休。永洪哥于5月14日去世，他的二个儿子（樂文已因工伤去世十年）还有三个女儿都已成家立业。

二姐现在黄州，周俊哥在黄冈财贸学校任教，孩子们都长大成人均有工作。

武汉市黄陂县蔡榨镇建筑公司五金建材商店

父親于土改時回到家鄉，我于1953年参加報社工作，現年56歲，已經退休八年，弟媳姓陳名玉秀，有四個女孩，大女已出嫁，四女已考取護士学校，還有二、三女均在家度生活可稱過得去，一切均望勿念。

祖母及叔父叔母已去世多年均葬于王家北角，康平仍在重庆夫妻二人均退休在家，現附上周依哥近日来信，便可知一般了，其他便不需一一介紹了，據劉先生說你已在辦退休及回大陸探望的手續，但望能早日实現。

武汉市黄陂县蔡榨镇建筑公司五金建材商店

如能定下大体日期，我当多方联系，把兄弟姐妹都请回来，来一次大团聚，我想是能够实现的。我的通信地址是：湖北省黄陂县蔡榨镇罗古岗。

你到武汉市后即到汉口新华路客运汽车站，买到蔡榨的车票，每天大约三班。到蔡榨下车后寻蔡店至罗古岗一问王泽生或熊文秀便可到家。非常方便。大姐二姐均回过，不用带很多东西回。我们能大家见一次面，心愿足矣！

你的来信及美钞三百元均收

照片

武汉市黄陂县蔡柘镇建筑公司五金建材商店

再、真如东亭中耳！

心备零乱，言不尽意，其他请刘先生面告！

祝

安！

弟 濤 上 7.5.

第 5 页

十、劉載福同學函

鳳池兄：提前兩天回來了，正逢家鄉35-40度高溫，很難受，到你老家，房子沒了，以電話連絡，晚上你弟弟提到賓館相見，晚上同住一房，他寫了一信帶給你，附上。令尊未見到，聽說身体很好，只是眼睛有病，令弟要我去他家，因時間關係沒有去，詳情以後相見時再告。三百美金換價是合幣8700元，11000減8700尚餘2300元，也等以後再退。

還有一些事要處理，餘後叙，敬祝

近安 並祝嫂嫂安康

弟 載福 七月十六日晨

單車收到，謝謝

信收到時，請以明信告知免掛記

十二　二弟蒲生函

广东医药学院

地址：广州市海珠区宝岗　　电话：449735　　电报挂号：0976

大哥 大嫂：　7月30日寄来的信和相片于8月11日收到了，一边读信和相片，一边回忆往日之趣事，相片中的人似乎变得青春年少了，真有不在梦中似在梦中之感！反复仔细看了相片和信，观其容貌依稀如旧，言词字迹似乎也没有多大变化，使人读后更添昔日之情怀！

信中提到对父母未尽孝道而深怀自责，其实难弟在大陆也未能尽从其心。使我印象最深刻的是61年第一次回乡探亲，听说母亲经常在梦中为了想您而哭醒，父亲每当明月空夜深人静时，总会凝神对月而语，大概想的也是"千里共婵娟"吧！以后当母亲病逝的前一年带着小孩回去看了一次。最后一次回乡是75年，看到父亲送我到村口的凄凉情景真使人终身难忘。近十多年来和小弟住在一起当然是没有那样寂寞了！真没有想到，近四十年的梦寐以求的家人团聚，却将变成了现实，真是使人高兴啊！不过，总的看来，父母的晚年还是很好的，30多年来我在经济上负担

广东医药学院

地址：广州市海珠区宝岗　　电话：449735　　电报挂号：0976

了二老的心愿，故生弟在生活上又给予照料，也可以说是比上不足，比下有余吧！如果再加上您们回来探亲，在精神上会很是满足而又满足了吧！

本来要寄一张四人在一起的全家福相片给您们看看，由于图像太小，怕看不清，故寄了两张影像大一点的，这两张是今年春节在家中照的，可以算是近而又近的近照了！

上次从香港转信的人，是我院人体解剖室主任教授的女婿，他说您们探亲到香港有什么不清楚的问题，可找他询问。希望您们快些回来探亲吧！

祝

安好！

弟 崇生 上

88.8.12.

鳳池弟
碧英弟妹：

二姐回來后詳述了你們在台北离別老父及火車站告別時心情。我和二姐是理解的。你們此行最大的目的是見到了九十三岁的老父和將近花甲、已逾花甲的手足。尽管有些不愉快和别离的伤感之情也可冲淡一些。若想翻前者想，多珍重以期再見。

你們此行親見了几十年的辛勤积蓄，碧英弟妹勤儉善良料理的美德，我和二姐從中見、十足算七分欽佩。御蘋，足見你倆和睦相親之情，今后当常通信，以解我們離別后相聚的思念。

祝您倆

健康長壽

兄 國俊
姐 蕙蘭
11.22.

Oct. 30. 88 收到。鳳池於廣州。

三六 台灣新生報文化點線面前主編吳玉珠女士函

王先生大鑒，

大稿「八駿圖」早已收悉，並已準備刊用。只是收到之際，本刊園地專欄已結束。予以本刊把大稿留下，預計在另一結束之際刊用。抱歉，本版之寄信請示您是否願意留到年底」來排滿稿太多，如此失困，以致忽略。疏漏處還請您見諒。如果您的大作急需在別處發表」本刊退還原稿。如果您願意留到年底」，煩請您再寄來給我。

敬祝

撰安

台灣新生報 文化點線面 稿紙

吳玉珠 敬上

79.7.3

79.2 3,000本 (1×50)

十四、中華日報副刊前主編蔡文甫先生函

頁

鳳兮先生：
大函暨所附之文，都已收到，非常謝謝！紀文
原不合場合，擬改在[illegible]發表，已通知編輯
寄[illegible]中人去[illegible]。
專此
敬頌
弟 蔡文甫 80.7.18.

中華日報 敬贈

25×10＝250 80.1.1040本

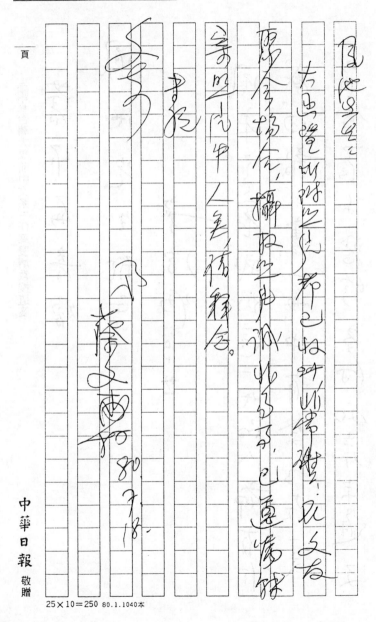

壹、國立台灣大學前中文系主任葉慶炳教授遺箋

舊作一冊奉贈
鳳池先生雅正
葉慶炳 八〇·六·廿

風木之哀，我們這一代的人都有同感。回顧小書一冊，中有祭母在一文，亦寫哀子思親。寫時兩岸未通，更為可悲。

謝謝

十六、作家張拓蕪先生函

只要有旺盛的企圖心，
困難就不重要了。
——馬基維利

度地先生：
辱承不棄，拙稿寄予校正，感德不盡，又深覺愧疚，這樣的一本拙書，那值得閣下作這麼費神費心校正改錯呢。一般人大都馬馬虎虎（記得更有人說五六錯字不大要緊）

敬悉您有自設之目（正是文學好書籍適時）[illegible]

玲瓏稿箋

中央日報印製

25×6−150

NO. 1

只要有旺盛的企圖心，
困難就不重要了。
——馬基維利

拙作錯字又多，但仍在一切期盼中，將來先生指正后更為適妥校正，不僅此耐，雖多年自修，也是對該者的一種請罪。

李依新居可安排，即有機會遇上一大家，擇需安適[illegible]

寫稿等，因經驗不夠，較少外出，對此只尺的中和市

地址順便附上，以便未來指教後付梓，又以便來信便[illegible]

二順頌時安，又後忙拜訪請教。耑此敬頌

夏安

[illegible] 弟 拓蕪 敬上 八月十日

玲瓏稿箋

中央日報印製

25×6−150

NO. 2

七、秦家鼎先生函

鳳池兄左右：日前通電話後，能於四十年得知上情形，私心引以為慰。回溯曩昔在鄉城，追隨 令尊大人之情景，如在心目。而 令尊大人之為人處世，最為弟所崇敬，許為畢生難得之師保，無時或忘。而當年教誨培植之恩典，尤令弟此生永銘心腑也。

頃在重讀吾 兄「雞年東風錄」散文、瀏覽吾 兄對鄉土文學造詣頗深。弟 卅八年春來台時，因每月收入有限（時在基隆，月入新台九十元）而數謀經「慶卿報」寫稿賺事補貼。五十年左右與文壇先進（王平陵及墨人、鳳兮（馮放民）、廖文開、左希鍾、林之軍兄等）合辦「創作」月刊。嗣感於文壇圈子極端複雜，彼此門戶之見尤其濃厚（弟卅九年立即加入「中國文協」，會員証為27号，現仍掛名台灣省作家協會、苗栗縣分會理事長），故於廿年前封筆（弟曾出版草散文、小說、方塊範疇）改作書法，承文壇老友們另眼相看、

嶺雲用箋

目前在台灣中，亦有成就。因當初立意原本為修養身心，替個人晚年覓一正常嗜好（寫文章），後有江郎才盡之日，如陳紀瀅先生「華夏八年」、王藍兄之「藍與黑」、章君穀兄之「杜月笙傳」等作品之後，寧多停筆），當然，若在無聊之時，寫寫小品方塊消遣，亦未嘗不可。因此弟目前雖在聯合工專教授書法，仍為一己興趣，從不計異，未同違。

最近因有部廳視察來校，忙於撰寫簡報資料，若廿日前無暇北上，則在下月暑假，必當專程北上趙府看兄伉儷。屆時當攜三年前書法雜誌郵件，令尊大人為弟所題之紀念留言，陳兄過目也。

所託覓譚君居址電話事，弟已順利查出，並由譚君服務（他還記得祥麟兄幼時情況），特將其通訊地址資料奉上，同時並附近照兩張（一張請便中面交祥麟兄）每之聯當譚、陳家因陳之而緣

筆健

嫂夫人均此

弟 秦家駿 拜、

八十三年三月九日

嶺雪用牋

六、東海大學中文研究所張承祖教授函

東海大學中國文學研究所
Graduate Institute of Chinese Literature
Tunghai University
TEL:(04)3590208
FAX:(04)3590208

鳳池兄兄：春間奉接大札並新作墨本，當時事繁未即上覆，悵悵歉歉。兄以文學為安老自適之道，殊可佩也。友多遊三峽，云為忠路當於旅遊業，因弟當年出峽，正有同感。今之三峽，得非昔懷不甚留情，未知兄為此更有作否？弟每思撰一小文以懷念三峽，儘之未就，不知兄意否

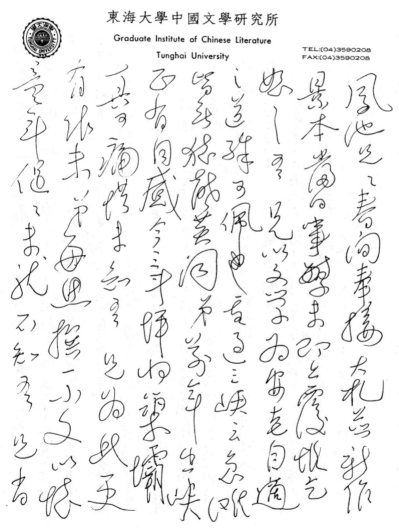

東海大學中國文學研究所
Graduate Institute of Chinese Literature
Tunghai University
TEL:(04)3590208
FAX:(04)3590208

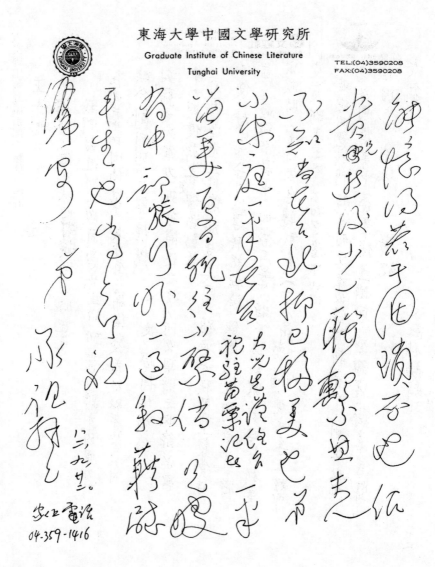

[illegible]懷[illegible]慕[illegible]因[illegible]可也[illegible]
貴[illegible]送[illegible]少[illegible]寄[illegible]去
[illegible]長[illegible]北[illegible]已[illegible]也弟
小[illegible]長[illegible]　大兄近況[illegible]　祝[illegible]
前事[illegible]經[illegible]小學信之暇
[illegible]中[illegible]旅行[illegible]一過[illegible]
弟[illegible]也[illegible]
[illegible]安

弟　[illegible]拜
六、九、廿二。

[illegible]電話
04-359-1416

六、文經出版社編輯部李雅倩小姐函

文經社
•本社創立於1981年•
文經出版社有限公司

王先生：

您好！很冒昧地打擾您，不好意思。

我們最近將出版周愚先生的新書「歸來的軍刀」，在周先生所附稿件中，其中有一篇您發表於82年10月30日聯合副刊的「目擊撞機」一文，覺得很精彩，並對「歸來的軍刀」共有補正之效，所以想將之收錄於書中，期使新書增色動人。

因周愚先生目前旅居美國，顧及其聯繫上較費時、不便，故由本公司代為聯絡接洽，欲徵得您的首肯，將貴作收錄於書中，如蒙同意，將不勝感激，同時在新書出版時，會付給您轉載費（一千字約$500～$600，視文章長短而定）及新書乙本，不知您意下如何？

若您同意我們將您的文章收錄於新書中，則要麻煩您於同意書中簽章後並擲回，感謝您。（同意書隨信附上）

耑此 敬祝

大安

文經社編輯部
李雅倩敬上
一九九四、七、廿二

三、呂洞凡將軍長女公子佩瑛姐函

凤池 弟
碧英 弟妹：

谢谢你们的问候和祝福！现在才能还在为我"担心"呢！特表歉意。因为你的贺卡是按12,29号出的，按情理和我以前的习惯是会即时回覆。这次迟了，责任不完全是我，因为我原附件厂清拆，厂房都卖了，换了新招牌，老厂的人还有一些，才总没有那样负责，到95年3月一日才送到我手中。每年过节照例有香港的二位朋友及美国的美云（俊英之女）美音（俊达之女）和台湾的智轩和你，都有卡片寄来。今年碰巧12月底我决定搬出老年公寓，因为国内物价飞涨，老年公寓也不例外，加上我的储蓄微薄，收入不能增加，不减之是单身公寓收费超过我经济负担能力，长女亚之替我租了一间小房，在他附近，也便于照顾，于2月十日我就搬了。他们上班孩子上学，出借一个小保姆，我有六七年没有自理，住公寓吃食堂，现在除了不洗衣服了以外，生活样样都要做，不习惯了，有些烦。什么事都不想做了。3月1日美音由美国打电话给俊达，候到我未回信，问我近况是不是"病"了？这"病"字的含意，大概是忌讳，实是问我是不是"升了天"见马克思了。这事提醒了我，你必然也是在"担心"之故。这几天的时间都花在写信上了。这几年住老年公寓，国事家事都不问。这次写信很显然的感到老态已明，思维力差，反应迟钝，记忆模糊，提笔忘字，尤其是简繁体字更一筹莫展。这是给美音写回信的体会。他生在台湾，长在美国，中文字一定学的是繁体，我从前的写繁体字真苦了我。在你的卡片上你写了个"腊"字，在写他的信时，要写个腊字，我只会写腊字，在字典翻不到繁体字，真苦了我！哈哈！！

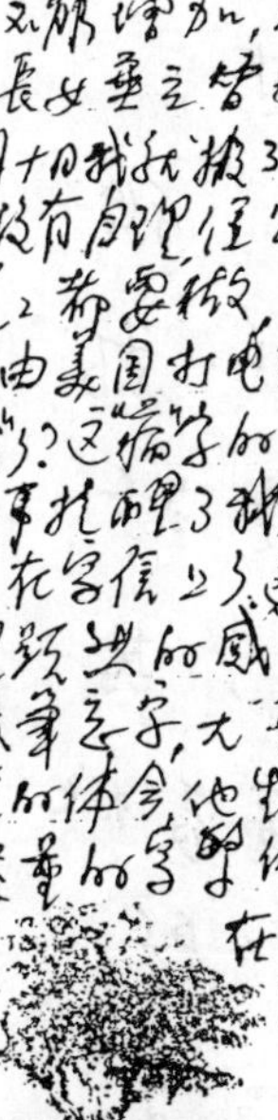

不写了，祝你们
愉快，多笑笑！

愚姊 佩瑛

我一定紀住有空常联络　　3月5日

爾雅出版社
台北市郵政信箱30-190
郵政劃撥帳號◉0104925-1
社址◉台北市中正區廈門街113巷33之1號(一樓)
電話◉(02)365-4036/367-1021

鳳池先生：

聯副轉來先生的信，非常謝謝您的鼓勵，至於「性慾」易「慾望」，「乳房」易「頭髮」，都是很好的建議，不過，"乳房"其實只是人的器官，很美的器官，只因習俗告訴我們要把它隱藏起來，以至於提到乳房，似乎就不安，其實是不對的，道德規範隨著社會環境的改變，是可以改動的，法國導演布紐爾對此，曾提出深切的討論，奉上一冊拙作

爾雅出版社
台北市郵政信箱30-190
郵政劃撥帳號◉0104925-1
社址◉台北市中正區廈門街113巷33之1號（一樓）
電話◉（02）365-4036／367-1021

「學習咖啡的人」 P61—66.

也許，我們會有另一種思想。

不管如何，我們然謝謝您的信

祝福

隱地 敬上
85.2.13

三、國立中山大學余光中教授函

國立中山大學外國語文學系
National Sun Yat-sen University
Department of Foreign Languages & Literature
Kaohsiung, Taiwan 804, Republic of China
Tel: 07-5253131-2
Fax: 07-5253200
07-5253201
Tel:886-7-5316171 ext:3051-2/3091 Fax:886-7-5319543/5517103

鳳池先生：

二月一日大札拜悉。所詢詩句，經再校查各种選集及專集，仍以「然後天梯石棧相鈎連」与「海不厭深」較為常見。我手頭並無古本，唯大陸与台灣之版本均查閱十本以上，大多均為「相」与「海」。曹操句蓋師李斯諫逐客書意：「是以泰山不讓土壤，故能成其大；河海不擇細流，故國能就其深。」以為然否？端此奉覆，並頌

牛年大吉

余光中 拜啟

86.2.7

後記

一九五四年，作者軍次屏東，從詩人銀喜子、春暉遊。開始習作新詩，是年八月二十七日，處女作《維納斯之誕辰》見刊青年戰士報（青年日報前身）。自是偶有新作，輒投寄報章雜誌發表。一九六三年以寫詩獲罪，坐了三年五個月零一天的牢。出獄後，詩寫少了，改寫生活趣話及小品文。

寫作對作者言，完全出於興趣，既不圖名，也不圖利。四十餘年來，作者用過的筆名，計有風遲、爲成、克華、慧玲、馬郎、龍鳳呈祥、王茂霓、王龍生、思蜀、五不、賣藥郎等。此不圖名之證明也。台灣稿費微薄，如果靠煮字療飢，早就掛了。有的刊物如過去的「現代詩」，今天的「新生詩苑」，根本沒有稿費，作者照樣投稿，此不圖利之證明也。

作者的寫作態度是很認眞的，以「龍年訪問記」爲例，這篇文章自一九八七年三月十九日初稿，至次年一月七日投寄中華日報副刊，歷時九個多月，改稿十七次。四千五百元的稿費，可謂得來不易。即或是短稿，至少也修改五次以上才寄出去。

陳幼生，是作者中學時代最要好的同學，六載同窗，彼此砥礪學行，照顧生活，形同手足。高中畢業，他送給作者的臨別贈言是：「保持良善的童心，它能使你生活更有力！」雖時逾半世紀，作者仍記憶猶新。

作者沒有孩子，當然更沒有孫子，爲了行文方便，作者以答孫女問的方式，寫了一則「趣譚上路」，投寄中副，主編孫如陵（仲父）先生可能爲了避嫌，於稿末書寫「謝謝」二字退回，作者改爲答學生問，收錄在《教學筆記》一文中。（該文各則文字皆有所本，尤其是第五則內容，完全與事實相符。）

一九七四年，作者嘗撰《水果組曲》散文一篇，有懷念母親、老師及感謝內子意，不知何故，積壓八年後才檢出來，投寄青年世紀發表。回憶當年暑假撰稿時，陽光照射室內，燠熱無比，眼睛曾有短暫失明現象。嗣後查對，始知該文起稿於母親仙逝之年，此天示警乎！

寄寓苗栗的秦家鼎先生，係先父舊屬。我們原不認識，一九九三年，秦先生因閱讀中國時報人間副刊拙作「雞年采風錄」，而取得連繫，進而獲至先父半世紀前之遺墨。大陸友人崔祥麟兄托尋之譚先生，亦因此文而順利找到，此誠一段文字因緣也。

內子碧英是拙作的第一位讀者，她要求甚嚴，以收錄在第三輯中的《幽默選粹》爲例，原文沒有標題，是作者加上去的；但第一個子題《理所當然》卻是由她訂定的。她又要求詩文流暢自然，以收錄在第二輯中的《馬年題舊照》爲例，末句原爲「蹉跎歲月老容兵」，她主張用「蹉跎歲月一老兵」（平仄稍有瑕疵），妙的是：竟然通過新生詩苑編輯先生的法眼，隻字未改，而予刊登了。

作者喜愛坐火車，於所撰文章中，絕大多數投寄台灣鐵路局辦的「暢流半月刊」，暨台灣鐵路公會辦的「路工月刊」，有回饋意，附此記之。

作者從二十歲踏出校門，至六十歲獲准提前退休，四十年間，歷經軍人、書記、麵館合夥人、稅吏、工人、編輯、公務員、教師等職務，時間較長的有軍人十一年，公務員兩年半，最長的是教師二十年，最短的是稅吏三日，（一九六一年，參加台北市政府雇員考試，名列榜首，派稅捐處任臨時造單員，每天在稅單上蓋戳記。三日後請辭。）回首前塵；職務有斷續，讀書無中輟，因撰打油詩一首，聊作個人畢生寫照，詩曰：

一生軍公教，兩袖舞清風。
三昧讀書好，四季興趣濃。

一九九七年十二月十日**王鳳池**記於台灣省台北縣